Gestión de Proyectos de Desarrollo Scrum

Evitar Los Contratiempos Del Proyecto: Una Guia más allá de lo básico

Por

Gary Metcalfe

TABLA DE CONTENIDOS

Introducción

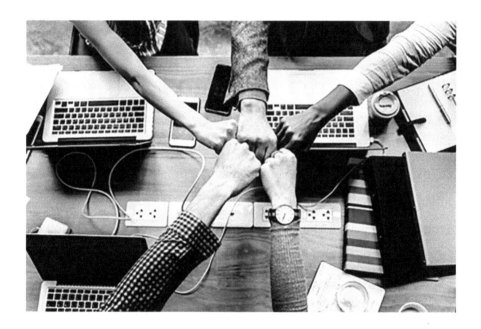

Felicitaciones por la compra de Scrum. ¿Está buscando formas de mejorar la eficiencia y la productividad de su equipo sin tener que hacer un montón de capacitación o gastar mucho dinero en ayuda externa? ¿Está interesado en reducir sus costos cuando se trata de producir un nuevo producto? ¿Le gustaría encontrar una manera de incluir a más clientes en el proceso y brindarles una mejor experiencia al cliente? Si alguno o todos estos pertenecen a su negocio, entonces puede ser el momento de considerar la implementación de Scrum en su modelo de negocio.

Los siguientes capítulos analizarán todo lo que necesita saber sobre Scrum Framework y cómo hacerlo funcionar para sus propias necesidades. Muchas empresas están buscando una manera de reducir sus riesgos generales cuando se trata de desarrollar y lanzar un nuevo producto. Buscan una forma de reducir los costos en que incurren al producir un nuevo producto. Y están buscando formas de lograr que sus empleados trabajen juntos y sean más productivos y eficientes en general.

Existen diferentes métodos que se pueden usar para hacer que todo esto suceda, pero ninguno va a ser tan eficiente como trabajar con Scrum Framework. Esta guía tomará algún tiempo para hablar sobre este marco y todo lo que puede hacer por su empresa. Esta guía comienza hablando de algunos de los conceptos básicos de la metodología Lean, el Marco Agile y más, y de cómo se relacionan con Scrum y pueden beneficiar a su empresa. Luego pasaremos a algunos de los conceptos básicos del marco de Scrum, dedicando tiempo a lo que se trata Scrum, algunos de los diferentes roles que se necesitan con Scrum, algunos de los beneficios de usar este método e incluso cómo funcionan los sprints y cómo El equipo puede utilizar su tiempo lo mejor posible con todo esto en conjunto.

Al final de esta guía, también dedicaremos un tiempo a ver algunos ejemplos diferentes de cómo trabajar con Scrum para que pueda ver exactamente cómo trabajaría Scrum Team con este marco y todos los excelentes resultados que puede proporcionar. Muchas empresas están preocupadas por implementar este tipo de marco porque piensan que costará demasiado, tomará demasiado tiempo o simplemente será demasiado difícil de implementar. Pero cuando vea estos tutoriales y aprenda más sobre Scrum Framework, verá que es un proceso tan fácil que realmente puede mejorar la forma de hacer negocios y se preguntará por qué no lo implementó antes.

Cuando esté listo para aprender más sobre Scrum Framework y cómo puede hacer una gran diferencia en su negocio y en la forma en que se hacen las cosas, ¡asegúrese de consultar esta guía para ayudarlo a comenzar

Hay muchos libros sobre este tema en el mercado, así que gracias de nuevo por elegir este. Se hicieron todos los esfuerzos para garantizar que esté lleno de la mayor cantidad de información útil posible. Por favor disfrútelo.

Capítulo 1

Qué es Lean

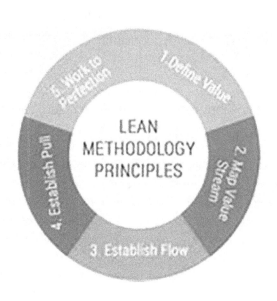

Antes de poder profundizar más con la idea de Scrum y cómo funciona, es importante comprender un poco el proceso Lean. Este es un proceso que ayuda a las empresas a ser más eficientes, atender mejor a sus clientes y puede reducir la cantidad de desperdicios que produce la compañía. Muchas empresas que están experimentando problemas con la satisfacción del cliente y aquellas que están preocupadas por la cantidad de devoluciones y productos rotos con los que están lidiando implementarán los principios lean para ver algunas mejoras enormes en su negocio. Este capítulo ayudará a presentarte

Lean para que sepamos en qué nos estamos metiendo cuando trabajamos con Scrum.

Para comenzar, Lean es una metodología centrada en el cliente que una empresa va a utilizar para mejorar continuamente sus procesos. La mayoría de las compañías comenzarán con un solo proceso para mejorar y mejorar. Esto les da una prueba de la metodología Lean y luego pueden pasar a otros procesos e implementar esta metodología en todos los aspectos de su negocio.

El punto de utilizar la metodología Lean es mejorar un proceso en la empresa eliminando el desperdicio en todo lo que hace la empresa. Tiene muchos pasos y opciones diferentes para que tenga éxito, pero algunas de las ideas principales que vienen con esta metodología son el respeto por las personas y la mejora incremental continua.

Los principios básicos que vienen con la metodología Lean incluyen:

- La empresa debe centrarse siempre en poder ofrecer valor a sus clientes de manera efectiva.

- La compañía debe estar dispuesta y ser capaz de respetar y comprometer a las personas.

- Debe usar Lean para ayudar a mejorar la corriente de valor, ya que puede aprender dónde se producen los desechos dentro del negocio y cómo eliminarlos.

- Lean está ahí para mantener un buen flujo a través del negocio.

- Lean está ahí para ayudar a agregar más fuerza a través del sistema.

- Las compañías que usan Lean se esfuerzan por alcanzar la perfección.

En la metodología Lean, va a dejar que su cliente le diga lo que valora. Como empresa, usted no está allí para decirle a su cliente lo que debe recibir o lo que debe esperar de usted. En cambio, el cliente va a definir el valor de su empresa. Hay tres condiciones que debe considerar al crear un nuevo producto o cuando desea agregar algo nuevo a un producto existente. Las tres condiciones incluyen:

- El producto o la característica se debe hacer correctamente la primera vez.

- Debe ser algo que el cliente quiera y de hecho gastará su dinero.

- La característica o el método debe poder transformar el producto o servicio.

Si no cumple con estos tres criterios, entonces solo está tratando con desechos o actividades que no son valiosas para su empresa. Y una de las principales cosas con las que va a trabajar cuando se trata de la metodología Lean es cómo eliminar los desechos de manera fácil y efectiva.

Entonces, hemos pasado un poco de tiempo hablando sobre desperdicio en este capítulo. Lean tiene mucho que ver con identificar y luego eliminar la mayor cantidad posible de desperdicios de su negocio. Muchas empresas tienen una gran cantidad de residuos, lo que les puede costar mucho tiempo y gastar mucho dinero, puede hacer que los clientes se sientan insatisfechos con la empresa y, en general, los hace ineficientes. El desperdicio en un negocio se mostrará en tres formas principales, incluidas Mura, Muri y Muda.

Mura simplemente va a ser un desperdicio que se produce debido a la variación en la forma en que se maneja un producto. Muri va a ser cualquier desperdicio que suceda cuando usted estresa o sobrecarga el sistema, el equipo, o las personas en el negocio. Pero Muda es conocida como las siete formas de desperdicio o los siete lugares donde es probable que se produzcan desperdicios en su negocio. Las siete formas más comunes de desperdicio en un negocio en el que Lean trabajará para resolver incluirán:

- Transporte: debe mirar su negocio y ver si hay algún movimiento de información, materiales y piezas entre varios procesos que son realmente innecesarios y que requieren tiempo.

- En espera: ¿Se da cuenta de que hay muchas personas, sistemas, instalaciones o sistemas inactivos porque están esperando a que finalice el ciclo de trabajo?

- Sobreproducción: ¿Produce un producto más rápido, más rápido y en mayor cantidad de lo que el cliente exige?

- Defectos: ¿El proceso resulta en algo que el cliente no estaría satisfecho o le enviaría de vuelta?

- Inventario: ¿Tiene productos terminados, trabajos en proceso o materias primas que no les están agregando ningún valor agregado?

- Movimiento: ¿Cuántas veces terminas moviendo bienes, equipos, personas y materiales dentro de un paso de procesamiento?

- Procesamiento adicional: ¿cuánto trabajo adicional se realiza más allá del estándar que el cliente requiere de usted?

Todos los negocios, sin importar cuán grandes o pequeños puedan beneficiarse de algunos de los principios que vienen con esta metodología, aunque a veces, los costos de implementación son demasiado altos para algunas empresas más pequeñas. De cualquier manera, la metodología magra es importante para garantizar que aprenda a proporcionar un producto de alta calidad que el cliente quiera sin tener que lidiar con todos los desechos que son comunes en muchas empresas.

Lean también es una excelente manera de definir y luego mejorar el flujo de valor de su negocio. Esta corriente de valor será toda la información, las personas, los materiales y otras actividades que deben fluir y luego se unirán para garantizar que el cliente obtenga el valor que desea, cuándo lo quiere y cómo lo quiere. Puede identificar este flujo de valor utilizando un mapa de flujo de valor con los iconos correctos en su lugar.

También puede trabajar para mejorar su flujo de valor haciendo un proceso plan-docheck-act. La metodología 3P que incluye producción, preparación y proceso se utilizará por adelantado para ayudarlo a diseñar productos y procesos antes de que alcancen su forma definitiva. Al crear un entorno de seguridad y orden, encontrará que es mucho más fácil identificar dónde está ocurriendo el desperdicio.

Hay muchas partes diferentes que vienen con la metodología Lean, pero está básicamente ahí como una manera de ayudar a las empresas a aprender dónde están los principales desperdicios en su negocio y luego les ayuda a deshacerse de estos residuos para que puedan hacer los productos. Que los clientes disfrutarán, sin perder tiempo ni dinero. Beneficia al cliente porque obtiene un producto increíble que quiere y beneficia a la empresa al ahorrar mucho tiempo y dinero.

Capítulo 2

¿Qué es Agile Framework?

———◆———

¡Ahora es el momento de echar un vistazo a Scrum Agile Framework! En este punto, es posible que sienta curiosidad por lo que esto significa. Es posible que se preocupe de que sea algo que se encuentra dentro de un programa informático sofisticado o algo con lo que trabajarán los gerentes de alto nivel o los programadores informáticos. ¿Pero de eso se trata este sistema? Sí, este término es un poco complicado y confuso, pero en realidad es mucho más fácil de entender de lo que te imaginas. Este capítulo dedicará algún tiempo a examinar el Marco Agile y a analizar lo que significa Scrum.

¿Qué es un marco?

Primero, necesitamos comenzar con lo básico. Un marco es un término que el desarrollo de software utilizará y está ahí para proporcionar soluciones y funcionalidades a un área de problema particular. Básicamente, es cuando ya tienes el "marco", pero luego el usuario o incluso haces algo para modificarlo y ayudarte. Una buena manera de pensar sobre esto es si usted prepara una taza de té cada mañana. Pondrás diferentes ingredientes en la taza cada vez y no lo medirás. En un día hay más azúcar y en otro día, puedes añadir miel. Realmente no te molesta tanto porque, al final de todo, todavía vas a tomar tu taza de té.

Pero luego, una mañana, piensas en una idea que podría ayudarte a ser más productivo con las cosas. En lugar de tener todos los ingredientes por separado, mide la proporción correcta que desea usar para una taza de té y luego coloca todos los ingredientes secos juntos en un recipiente. A partir de entonces, cada mañana, todo lo que necesites lo que debes hacer es sacar una cucharada y terminarás con la cantidad correcta de todo lo que necesitarás sin tener que medirlo nuevamente. Puede ahorrar tiempo, puede facilitar las cosas y termina haciendo menos trabajo en el proceso.

Esto es exactamente lo que un framework va a hacer por ti. Al usar un código para su computadora, usted o alguien más puede cambiar el marco para que se ajuste a sus necesidades específicas. Puede ayudar a mejorar la productividad y hacer las cosas más fáciles que antes.

¿Qué es ágil?

Ahora que tenemos una buena idea de qué marco se trata, es hora de ver la otra parte de nuestro término, la parte ágil. Agile en sí mismo significa la capacidad de moverse con facilidad y rapidez. Pero, ¿cómo vamos a utilizar esta información y aplicarla al marco del que hablamos antes? Agile Framework se referirá específicamente al método de gestión de proyectos que se utilizará en el desarrollo de software y, a menudo, se caracteriza por la capacidad de convertir las tareas en fases más cortas del trabajo.

Básicamente, en lugar de solo trabajar en un proyecto que es tedioso y largo, el Marco Agile tomará ese proyecto largo y lo dividirá en partes más pequeñas. Esto ayuda porque todos pueden concentrarse en una cosa pequeña a la vez, lo que garantiza un mejor enfoque y un mayor control de calidad. Este tipo de marco se basará en 9 principios diferentes que están básicamente allí para informar y luego inspirar los roles y las prácticas del Marco Ágil Escalado. Los 9 principios de Scaled Agile Framework o SAF incluyen:

- Adopte una visión económica: una de las razones más importantes por las que consideraría utilizar este tipo de marco es porque le proporcionará el producto de mayor calidad al mejor valor en el menor tiempo posible. Sin embargo, ser capaz de hacer esto requiere que tenga una comprensión de los aspectos económicos de los sistemas de su edificio. Sus decisiones diarias deben tomarse utilizando el contexto económico correcto o fallarán.

- Aplique el pensamiento de sistemas: los sistemas con los que va a trabajar son complejos. Hay muchos componentes que trabajarán juntos y cada uno tendrá objetivos compartidos y definidos. Para mejorar esto, debe asegurarse de que todos estén comprometidos y entiendan completamente para qué se usa el sistema. El pensamiento de sistemas se debe utilizar en el sistema de construcción de su organización.

- Tenga en cuenta la variabilidad y asegúrese de que todas las opciones se conserven: un gran sector de prácticas de diseño favorecerá solo un tipo de diseño y las opciones de calificación al comienzo del proceso de desarrollo. Si haces un despegue equivocado, tendrá un gran efecto. Esto generará un diseño de proyecto que será demasiado largo para que usted lo maneje. Tenga en cuenta que es necesario implementar cierta variabilidad en su proceso para obtener los mejores resultados.

- Incorpore incrementos con ciclos de aprendizaje rápidos e integrados: asegurarse de que no trata con un producto a largo plazo es asegurarse de desarrollar algunas soluciones que tengan iteraciones cortas a través de ellos. Las iteraciones se construirán a partir de la anterior y le permitirán tener una entrada más rápida del cliente, lo que conlleva menos riesgos.

- Las iteraciones a veces se pueden convertir en prototipos que se usan para probar el mercado. Luego confía en algunos de los primeros comentarios para determinar si desea mantener las cosas como están o realizar las modificaciones necesarias.

- Deje que los hitos se basen en una evaluación justa de los sistemas activos: los clientes, los dueños de negocios y los desarrolladores deben evaluar el sistema con regularidad para asegurarse de que va bien. Todos estos grupos comparten la responsabilidad de garantizar que la inversión en la solución elegida vaya a beneficiar económicamente a la empresa. Por eso es tan importante tener esos puntos de prueba de integración en su lugar. Hacer esto puede ayudarlo a tener algunos hitos que pueden ser utilizados por todos para realizar evaluaciones y asegurarse de que los ciclos de vida del desarrollo se mantengan en el buen camino.

- Conceptualice y luego reduzca el WIP, los tamaños de los lotes y luego vea las longitudes de la cola: el objetivo principal de usar un sistema similar a este es asegurar que alcance un estado de flujo continuo para que pueda permitir nuevas capacidades en el sistema. Para moverse visiblemente y rápidamente. Hay tres puntos que debe considerar que realmente ayudarán al flujo de trabajo con el que está tratando, incluyendo:

  o WIP: Esto significa trabajo en proceso. Es importante que conceptualice y reduzca el estado de WIP. Esto reducirá las solicitudes de cambios innecesarios en el proceso.o Reducir la magnitud de sus lotes puede facilitar la producción de un flujo que no solo es rápido sino que también tiene cierta confiabilidad.

  o Hacer algo sobre cuánto tiempo dura tu cola puede ser una excelente manera de acelerar el tiempo de las tareas nuevas.

- Asegúrate de la cadencia. Tiempo con la planificación de dominio cruzado: la cadencia es importante porque va a ayudar a crear una buena previsibilidad y ritmo para el desarrollo. Cuando lo aplique a la idea de sincronización, permitirá que se comprendan muchas perspectivas, incluso las que son diferentes, y los problemas que esperan la atención y la integración simultáneas. Cuando todo esto sucede, el equipo es más efectivo incluso si hay períodos de incertidumbre durante el desarrollo del producto.

- Abra el estímulo interno de los dispensadores de ideas: la búsqueda de conocimiento, innovación e ideas nunca sucederá si sus trabajadores no tienen ninguna motivación. Esto se convierte en un problema aún mayor si distribuye una indemnización individualmente, ya que puede causar cierta competencia interna y deshacerse de cualquier cooperación que necesite para alcanzar sus objetivos. Proporcionar cierta autonomía y propósito puede ayudar a que sus empleados se involucren más, lo que ayuda a proporcionar excelentes resultados para usted y para sus clientes.

- Descentralice la toma de decisiones: este tipo de toma de decisiones será necesaria cuando necesite lograr una entrega rápida y valiosa. Esto puede ayudar a reducir los retrasos, le proporciona una retroalimentación aún más rápida, puede mejorar el flujo de desarrollo, y alienta soluciones más creativas. Cuando una decisión debe ser ejecutada por aquellos que están más arriba, esto causará más retrasos en todo el proceso, agregará más contratiempos y puede costarle más dinero a la empresa. Cuando todos están involucrados en el mismo tipo de jerarquía de toma de decisiones, el proceso de desarrollo será fácil y sin complicaciones.

Entonces, ¿por qué querría usted u otra empresa utilizar el Marco ágil? Sí, hemos hablado de algunos de los beneficios mencionados anteriormente, pero puede considerar que su proceso actual está funcionando bien y no quiere cambiar las cosas. Pero veamos un ejemplo de cómo esto puede funcionar.

Digamos que está trabajando en un proyecto y le ha estado llevando mucho tiempo. Finalmente, termina con ese producto y se lo muestra al cliente, pero luego el cliente decide que no le gusta o prefieren tener características diferentes. Esto significa que tiene que volver a repetir todo el proceso y cambiar una tonelada de cosas nuevamente, desperdiciando productividad y tiempo junto con mucho dinero.

Con el marco Agile y los principios de SAF de los que acabamos de hablar, podrá manejar este problema sin todos los desperdicios, sin el tiempo, la productividad y el dinero desperdiciados. Trabajar con esto incluirá al cliente, al equipo de desarrollo, a la persona a cargo, a las partes interesadas y a cualquier otra persona que sea parte de este proceso. Esto le ayuda a optimizar su trabajo, le permite recibir comentarios de sus clientes y puede asegurar que arregle el producto desde el principio para que cuando finalmente se publique al público en general, sea el producto exacto que sus clientes desean.

Capítulo 3

Las cosas más importantes para recordar sobre el marco ágil

———————◆———————

Si bien es muy importante que la mayoría de las empresas aprendan a optimizar su trabajo para ahorrar tiempo y dinero, el mundo de Agile Framework considerará otras reglas como más importantes y más necesarias. Este tipo de marco va a concentrar más énfasis en una comunidad, en el cliente, en trabajar juntos y en aceptar el hecho de que habrá cambios en el camino. Esto significa que su empresa y su equipo deben tener la capacidad de seguir el flujo.

El Manifiesto Agile se creó para garantizar que otras empresas y empresas que usaron el programa lo implementaran por las razones correctas. Las cuatro reglas que vienen con este Manifiesto Ágil y que deben seguirse incluyen:

- Los individuos y las interacciones están sobre todas las herramientas y procesos.

- Software de trabajo sobre documentación completa.

- Colaboración del cliente sobre negociación de contrato.

- Responde al cambio sobre el siguiente plan.

Cada vez que decida trabajar con Agile Framework, es importante recordar las cuatro reglas anteriores y descubrir las mejores maneras de implementarlas en su trabajo. Cuando piensas en estas reglas, recuerde que el objetivo máximo es esencial. Esto es para satisfacer la aspiración de los clientes y no solo con su producto final, sino también cuando se encuentra en las primeras partes del desarrollo de ese producto.

Para ayudarlo a hacer esto, intente dar la bienvenida a los diversos cambios que encuentra, incluso si comienzan a ocurrir más adelante en el desarrollo. Agile Framework puede utilizar la aceptación del cambio para que el cliente obtenga una ventaja competitiva con ese producto.

También es importante que entregue un software funcional con la mayor frecuencia posible. El rango puede ser desde unas pocas semanas hasta unos pocos meses según el tipo de software con el que está trabajando, pero siempre es preferible si puede mantener la escala de tiempo más corta posible. También notará que los desarrolladores reales son importantes para este tipo de marco. Estos desarrolladores ayudarán a desarrollar los proyectos y, cuando estas personas estén motivadas, los resultados serán mucho mejores. Ofrezca a estos desarrolladores todo el apoyo que necesitan junto con un buen entorno y confíe en que tendrán éxito si desea obtener los mejores resultados.

El Marco ágil será un poco diferente de lo que puede haber visto con algunos de los otros modelos de negocios que existen. Te obliga a implementar muchas personas diferentes en el plan, incluidos los clientes desde el principio. Pero esto puede hacer maravillas para su producto. Vamos a discutir cómo este proceso funciona un poco más tarde. Pero básicamente, puede obtener retroalimentación rápida en todas las etapas de desarrollo de su producto para hacer cambios en ese mismo momento, en lugar de completar el producto y luego Descubriendo que tienes que empezar desde cero. Trabajar con Agile Framework y Scrum asegurará que puedas hacer esto.

Capítulo 4

¿Qué significa Scrum
y cómo encaja?

———◆———

Ahora que hemos pasado algún tiempo en esta guía hablando sobre la metodología Lean y el Marco Agile, es hora de echar un vistazo a Scrum y cómo puede encajar en todo esto. Habrá algunos enfoques diferentes para usar el Marco ágil, diferentes métodos y tipos con los que el usuario puede trabajar en función de lo que mejor funcione para ellos. Cada enfoque o cada tipo de marco ágil se considerará ligero. Lo que esto significa es que todas las prácticas y las reglas para cada enfoque se mantendrán al mínimo.

Además, cada enfoque también deberá garantizar que el enfoque principal aquí sea el de capacitar a los desarrolladores para que tomen buenas decisiones juntos y colaboren entre sí. Notará que cada desarrollador que trabaje en este marco entrará en el proyecto con un fondo diferente, lo que puede ser una gran noticia para permitir que el grupo trabaje de manera más efectiva y rápida. Nunca querrás terminar con un grupo de personas que todos saben cómo hacer exactamente lo mismo. Tener un grupo de personas con diferentes antecedentes y conocimientos puede ayudarlo a crear un equipo más cohesionado y más preparado para hacer las cosas.

A medida que avanzamos aquí, es importante recordar que la gran idea de trabajar con el sistema Agile es crear todos sus productos, aplicaciones y más en pequeños incrementos. Cada uno de estos incrementos individuales se prueba antes de que pueda considerarlos completos. Esto asegura que el producto se fabrique con calidad en ese momento, en lugar de intentar desperdiciarlo. Tiempo para encontrar calidad más adelante en el camino.

Recuerde que el Marco Agile será un proceso que su equipo de desarrollo podrá seguir para garantizar que solo ocurran cosas positivas. Se ha diseñado para que todas las partes, tanto su empresa como el cliente, puedan proporcionar comentarios mientras se desarrolla el proyecto, en lugar de hacerlo después de que el producto esté listo.

Y se ha ido al mercado. Hacer esto puede cortar muchos problemas eso puede arrastrarse y en realidad hace que su negocio y su proceso sean más eficientes a largo plazo.

Y si bien hay bastantes opciones diferentes que puede hacer cuando se trata de enfoques de desarrollo de software en este marco, las más populares que muchas personas eligen son Scrum. Scrum es un marco que tiene una aplicación amplia que permite a los usuarios administrar y controlar proyectos incrementales e iterativos de todos los tipos diferentes.

Scrum puede ser realmente útil si hay muchos tipos diferentes de proyectos que necesita completar al mismo tiempo y se asegurará de que su equipo pueda completar cada uno de estos proyectos de manera oportuna. Al mismo tiempo, Scrum trabajará para asegurarse de que el valor de su producto no termine de cambiar al mismo tiempo. La filosofía detrás de Scrum depende de las conexiones y la colaboración que pueden asegurar que su equipo complete cada uno de estos proyectos de la mejor manera posible.

Para asegurarse de que todo esto se pueda hacer, hay varios roles diferentes que vienen con el proceso Scrum y cada uno. La persona del equipo debe estar dispuesta a tomar en serio su papel. Si incluso una persona en el equipo no hace el trabajo de la manera correcta, entonces todo el proceso va a fallar. Recuerde que Scrum se trata de mantenerse conectado y del trabajo en equipo.Para descomponerlo aún más, hay tres principios básicos que vienen con la ideología Scrum, que incluyen:

- Adaptación

- Inspección

- transparencia

La ideología de Scrum se trata de ver cómo están las cosas y asegurarse de que todos en el equipo también sepan lo que está sucediendo. Es importante que sea conciso y claro tanto como sea posible y que todos estén siempre informados. A veces puede ser tentador ocultar errores, pero esto solo conduce a un montón de problemas en el camino cuando otros miembros del equipo no saben lo que está pasando. La transparencia es tan importante en cada paso de este proceso para garantizar que todos sean responsables.

Scrum también requerirá inspecciones para ayudar a todos y todo seguirá por buen camino. Sin esto, es difícil para el equipo saber si están trabajando en un proyecto que tendrá valor para el cliente y pueden llegar al final y descubrir que el producto ni siquiera funciona.

Y, por supuesto, no podemos olvidarnos de la adaptación. Las cosas van a cambiar, eso es solo una parte de la vida. Es importante para su equipo de Scrum poder adaptarse a todos los diferentes cambios por los que pasará este proceso. El cliente puede cambiar de opinión, el equipo puede decidir que desea cambiar la forma en que completará una tarea, y el Propietario del producto puede realizar algunos cambios en el Registro de productos.

Cada producto pasará por una tonelada de cambios a lo largo de su proceso y ser adaptable puede hacer que estos cambios sean más fáciles de manejar. Si no hay adaptabilidad cuando se trata de este proceso, el producto no se creará y todo el proceso se debe volver a trabajar.

Más sobre Scrum

Scrum es básicamente un marco en el que las personas pueden abordar muchos problemas complejos de adaptación, al mismo tiempo que pueden entregar productos de manera creativa y productiva que tienen una gran cantidad de valor para sus clientes. Scrum en sí mismo es solo un marco simple que se puede utilizar para garantizar que la colaboración en equipo se realice de manera efectiva incluso en un producto complejo. Scrum es un gran marco para usar porque es fácil de entender, puede tomar algún tiempo para dominarlo pero vale la pena y es liviano.

Scrum es simple y es lo opuesto a una gran colección de componentes obligatorios entrelazados. No es una metodología como algunas de las otras ideologías Lean de las que hemos hablado antes. En cambio, este marco va a implementar el método científico del empirismo. Reemplazará un enfoque programado por uno heurístico, con respecto a la autoorganización y las personas para ayudar a lidiar con cualquier imprevisibilidad y cuando se trata de resolver problemas complejos.

Si buscas implementar Agile en tu negocio y sus programas, entonces Scrum es probablemente el marco con el que va a trabajar. Este es un marco tan popular que muchas personas. Piensa que Agile y Scrum son las mismas cosas. Puede usar fácilmente otros marcos para ayudar a implementar Agile, incluido Kanban, pero muchas veces se prefiere Scrum porque es fácil trabajar con él y tiene un buen compromiso para hacer pequeñas iteraciones de trabajo.

Lo que es tan especial acerca de Scrum

Con Scrum, hay muchas cosas que disfrutará sobre el marco y cómo puede hacer que su producto funcione mejor. El producto se construirá en una serie de iteraciones de longitud fija que se conocen como sprints que pueden brindar a los equipos un marco para manejar el software en una cadencia regular. Los hitos, que también son el final de un sprint, vendrán a menudo. Esto te ayuda a sentir que hay un progreso tangible en cada ciclo. Este movimiento rápido puede hacer que los miembros del equipo sientan que están cumpliendo los objetivos y pueden proporcionar una forma de energía para el trabajo.

Las iteraciones breves en el marco de Scrum ayudarán a reforzar la importancia de una buena estimación y algunos comentarios rápidos de las pruebas lo ayudarán a saber si está tomando la dirección correcta en el producto o si necesita probar algo nuevo.

Cuando trabaje con Scrum, deberá convocar cuatro ceremonias. Estas cuatro ceremonias traerán estructura a cada sprint en el camino. Estas cuatro ceremonias van a incluir:

- Planificación de Sprint: Esta será una reunión de planificación a la que todo el equipo debe asistir. Durante este tiempo, debe determinar lo que usted y el equipo desean poder completar en el próximo sprint.

- Stand-up diario: esto se conoce como el Scrum diario. Esta será una reunión corta, de unos 15 minutos, donde el equipo de software puede reunirse y sincronizarse para saber qué hacer ese día.

- Demostración de Sprint: esta es una reunión de intercambio donde el equipo puede reunirse y mostrar lo que pudieron enviar ese sprint.

- Sprint retrospectiva: esta es una revisión de lo que fue bien con el proceso y lo que no salió tan bien. Puedes usar esta información para asegurarte de que el próximo sprint vaya un poco mejor.

Durante su carrera, algunos artefactos visuales, como tablas de quema y tableros de tareas, serán visibles para todos en el equipo y pueden ser algunos poderosos motivadores. Pueden mostrar a cada persona del equipo lo lejos que ha llegado todo el mundo e incluso se pueden utilizar para mostrar el nuevo trabajo durante la demostración del sprint para motivar a las personas aún más.

Tres roles importantes para el éxito de Scrum

Un equipo de Scrum a menudo puede tener una composición diferente a la de un proyecto tradicional y verá que hay tres roles principales que deben cubrirse. Estos tres roles incluyen el propietario del producto, el equipo de desarrollo y el scrum master. Y debido a que estos equipos Scrum son multifuncionales, el equipo de desarrollo incluirá ingenieros, diseñadores, y probadores además de todos sus desarrolladores en ese proyecto.

Primero están los dueños de los productos. Estos son los campeones del producto. Estas personas deben enfocarse en comprender todos los requisitos comerciales y de mercado, y luego tomarán esta información y priorizarán el trabajo que deben realizar los otros grupos. Los propietarios de productos que son los más efectivos son capaces de:

- Gestionar y acumular el backlog del producto.

- Trabaje en estrecha colaboración con el equipo y la empresa para asegurarse de que todos comprendan los elementos que se encuentran en el registro y lo que debe hacerse.

- Proporciona al equipo una guía clara sobre qué características deben entregarse a continuación.

- Decida cuándo enviar el producto con una inclinación hacia la entrega más rápida.

Tenga en cuenta que el gerente del proyecto y el propietario del producto no son las mismas personas. Los propietarios de los productos no estarán a cargo de administrar cómo se lleva a cabo el programa. En su lugar, el propietario del producto se centrará en asegurarse de que el equipo pueda ofrecer el mayor valor al negocio. Además, el propietario del producto debe ser solo una persona. Incluso si técnicamente hay varias personas que pueden desempeñar este papel, lo mejor es elegir un individuo que pueda hacer el trabajo. No desea que su desarrollo obtenga orientación de varios propietarios de productos a la vez. Esto ralentiza la productividad y puede hacer que las cosas sean más difíciles de manejar.

Siguiente en la lista es el Scrum master. Estos son los campeones de scrum dentro del equipo. Van a estar a cargo de entrenar no solo al equipo, sino también a la empresa y al propietario del producto sobre cómo funciona el proceso Scrum. También deberían dedicar algún tiempo a aprender cómo ajustar su propia práctica. Un Scrum master efectivo realmente entiende qué trabajo está haciendo el equipo y puede garantizar que el equipo optimice su flujo de entrega. Como facilitadores en jefe, estarán allí para programar los recursos logísticos y humanos, planear los sprints, el stand-up, la revisión del sprint e incluso la retrospectiva de la primavera.

Scrum master también examinará y resolverá cómo resolver los impedimentos y las distracciones para el equipo de desarrollo, aislándolos de las interrupciones externas siempre que sea posible. Parte del trabajo del maestro Scrum es asegurarse de que no haya antipatrones que comiencen a aparecer. Uno que es bastante común con los equipos que son nuevos en Scrum es cuando el equipo intenta cambiar el alcance del sprint después de que el sprint haya comenzado.

Es bastante común que el propietario de un producto pregunte "¿No podemos obtener esta otra cosa súper importante en este sprint?" Puede que esto no parezca un gran problema, pero puede convertirse rápidamente en una bola de nieve y lo pondrá detrás de su programa. Mantener su alcance hermético lo ayudará a mantenerse al día y puede ser excelente para la planificación de productos. Además, va a defenderse de algunas de las fuentes de interrupción que ocurren con el equipo de desarrollo.

Los maestros de Scrum a veces son considerados como los gerentes de proyecto, pero estos tipos de gerentes no tienen mucho lugar en la metodología de Scrum. El equipo de Scrum puede a menudo

Manejarse y se organizará en torno a su propio trabajo. Los equipos ágiles usarán un modelo de extracción en el que el equipo realizará una cierta cantidad de trabajo de su trabajo acumulado y luego se comprometerá a completar esa tarea durante el sprint. Esta puede ser una excelente manera de mantener la calidad y puede garantizar que el mejor desempeño saldrá de su equipo a largo plazo.

En este proceso, ni los propietarios de productos, los gerentes de proyecto ni los maestros de scrum están ahí para impulsar el trabajo en el equipo. Enumerarán el trabajo que se debe hacer, ayudarán a dirigir algunas de las cosas que deberían suceder durante el sprint y más. El equipo puede hacer un poco de auto-regulación en este proceso que puede aumentar la moral y proporcionar un trabajo de mayor calidad para el negocio.

Y para terminar el equipo, también está el equipo Scrum. Estos son los que trabajarán en prácticas de desarrollo sostenible. El equipo de Scrum que será el más efectivo es el de ubicación conjunta, unida y entre cinco y siete personas. Los miembros del equipo deben tener un conjunto diferente de habilidades para que puedan entrenarse entre sí. Esto garantiza que haya más efectividad y productividad en el equipo y garantiza que una persona no se vea obstaculizada por el proceso. A menudo, aprenderán cómo usar la metodología Scrum para poder hacer las cosas para el negocio.

Las tres partes deben trabajar juntas para que un producto tenga el mayor éxito posible. Necesita a alguien que pueda enumerar el trabajo que debe realizar el equipo, necesita a alguien que pueda evitar las distracciones y mantenga al equipo en la tarea, y luego necesita el equipo real que sea capaz de hacer el trabajo. Cuando todas estas partes diferentes puedan trabajar a través de este pozo, verá que una empresa puede volverse más efectiva y productiva que nunca.

Capítulo 5

¿Para qué sirve Scrum y cuáles son algunos de los beneficios de implementar esta ideología?

———————— ◆ ————————

Ahora que ha tenido una pequeña introducción a Scrum, puede interesarle saber para qué sirve. ¿Para qué puedes usar este Framework y por qué querrías usarlo en primer lugar? ¿Vale la pena dedicar tiempo o deberías elegir algo más?

Hay algunas razones diferentes por las que Scrum puede ser tan bueno para su negocio y definitivamente es una buena idea implementarlo de la manera en que hace negocios. El primero es el factor de competitividad. El mercado a su alrededor está cambiando todo el tiempo y solo aquellos que son capaces de mantenerse al día con las tendencias y ser flexibles son capaces de mantenerse al día con todo este cambio.

Usando Scrum, su negocio seguirá siendo competitivo y puede crear una ventaja única para usted. Y puede obtener todo esto a través del marco ágil sólido y exitoso, un marco que se ha demostrado a través de muchos equipos y proyectos a lo largo del tiempo. Militares, colegios e incluso la industria automotriz utilizan Scrum para que sepa que podría ayudar a que su negocio tenga éxito.

Scrum también ha permitido el desarrollo de características que pueden ayudar a sus clientes a mantenerse involucrados también. El cliente puede usar este marco para recibir algunas de las versiones de trabajo a medida que se diseñan a través del proceso, ver algunos de los avances que se están realizando e incluso agregar algunas ideas nuevas si es necesario. Todo esto es importante porque nunca desea esperar hasta que el producto esté 100% listo antes de mostrárselo al cliente o aumentar su riesgo de que algo esté mal o que no sea la forma en que el cliente quiere y sus ventas caerán en picado.

Trabajar con Scrum involucra a los clientes para asegurarse de que les proporcione el producto que desean disfrutar. Siempre puede completar prototipos y mostrarlos al cliente, recibiendo comentarios y haciendo los cambios necesarios. Luego, cuando esté listo para lanzar el producto final al mercado principal, puede estar seguro de que el producto es realmente algo que el cliente querrá usar.

Otra gran parte de trabajar con Scrum es la calidad. Las pruebas son algo que su proyecto Scrum debe haber ocurrido después de cada sprint. Y dado que los sprints no pueden durar más de cuatro semanas, estas pruebas se realizarán diariamente. Hacer esto garantizará que la calidad de su producto se mantenga alta desde el principio hasta el final. Y si se produce algún problema, se pueden solucionar de inmediato.

Scrum Framework también ayudará con los costos en los que incurre su empresa, que es algo que le encantará como empresa. Cada proyecto tendrá un período de tiempo fijo para realizar, lo que significa que el costo de la misma se establece desde el principio y no aumentará. Y mientras que el esfuerzo, así como algunos pequeños detalles, pueden cambiar, el costo seguirá siendo el mismo porque el proyecto tiene una fecha límite que no se puede extender.

A sus clientes también les va a encantar Scrum porque los cambios son algo que siempre es bienvenido. Estos cambios se pueden entregar al propietario del producto en cualquier momento del proceso y luego el propietario del producto seguir con ellos cuando se produzca la próxima reunión de sprint. El propietario del producto puede compartir esta información con el equipo, quien implementará los cambios tan pronto como sea posible, a veces dentro del día siguiente, según la duración del sprint y el tipo de cambio que se necesite. Hacer esto puede garantizar que el cliente pueda obtener un producto que realmente quiere y un cliente feliz siempre es una buena noticia para su negocio.

Otra cosa en la que Scrum puede ayudar es aumentar la eficiencia en la creatividad y las habilidades de comunicación en todo el negocio. Requiere que todas las personas que trabajan con el proyecto puedan comunicarse, colaborar, respetar y entenderse entre sí. El éxito se construye a partir de lo que el equipo desarrolla y lo que el cliente quiere, y Scrum es una excelente manera de hacer cumplir ambos en su negocio. Aquellos que están en el equipo se beneficiarán mucho al adquirir estas habilidades de comunicación, pero se desarrollan en etapas para que, con el tiempo, puedan comunicarse de una manera que sea muy efectiva para ellos.

El desarrollo de sistemas complejos y proyectos extensamente largos puede ser frustrante y difícil a veces. Sin embargo, Scrum puede ayudar con la planificación exacta que se necesita para estos proyectos. En el proceso, esto permite la integración de nuevas funcionalidades y una nueva forma de pensar las cosas. Usar Scrum es una excelente manera de hacer que las cosas funcionen sin problemas y asegura que no llegue al final completo de un proyecto antes de descubrir que algo salió mal. Puede agilizar el proceso para usted, lo que siempre mejora las cosas para todos.

También encontrará que trabajar con Scrum una vez que obtenga algunos de los conceptos básicos puede ser divertido. Es una gran colección de trabajo en equipo, toma de decisiones y colaboración. Muchas personas descubren que una vez que conocen a los otros miembros del equipo, puede ser bueno trabajar de cerca en un grupo como lo que se requiere con Scrum. Puede ayudarlo a aprender cosas nuevas, usar su lado creativo y desafiarse mientras sigue teniendo un grupo de apoyo para ayudarlo y alentarlo en el camino. Usar Scrum significa que puede implementar la mejor parte del desarrollo de software, que es una actividad creativa y multifacética que funcionará de la mejor manera cuando cada miembro del equipo se tome el tiempo de hacer su parte justa.

También hay ocasiones en que Scrum puede ser útil en formas específicas para un negocio. Después de todo, tal vez mire a su alrededor y descubra que a su empresa le está yendo bien y ni siquiera está seguro de que se necesite un cambio después de todo. Sin embargo, una cosa que debe tener en cuenta es que las organizaciones y compañías que implementan Scrum a menudo experimentan algunos cambios en toda la cultura de su compañía.

Lo que esto significa es que notará algunos cambios en las formas en que las personas interactúan entre sí, cómo se realiza el trabajo e incluso la lealtad de sus empleados. Las compañías que implementan este sistema están más orientadas hacia el equipo, dan más valor a sus clientes y están más orientadas hacia el valor que las que nunca usan Scrum. Piénsalo desde los ojos de tus empleados. Usted podría ¿Trabaja para una empresa que solo analiza sus resultados y los beneficios, o es mejor trabajar para una empresa que realmente se preocupa por su gente? Las empresas que utilizan los equipos Scrum muestran un mayor rendimiento y mostrarán resultados que son mucho más altos que los equipos normales.

Pero ¿qué hay del otro lado de las cosas? Acabamos de hablar acerca de cómo una empresa que está funcionando bien podría querer implementar Scrum, pero ¿qué pasa con aquellas empresas que están en graves problemas y que quieren adoptar el sistema Scrum? Es posible que se preocupen por hacer esto debido a la reorganización que puede hacer el nuevo sistema. Pero Scrum va a agitar las cosas de buena manera al permitir un nuevo entorno de equipo, un nuevo proceso y una nueva cultura que puede hacer maravillas para ayudar a la empresa a salir de los problemas en los que se encontraba originalmente.

Con estos negocios, a veces una gran sacudida es exactamente lo que necesitan para cambiar las cosas. Pueden realizar estos cambios en el entorno laboral, lo que ayuda a que sea más fácil retener a los empleados correctos, lo que se traduce en un mejor trabajo, que luego se traduce en productos que el cliente realmente quiere comprar. En este escenario, lo más importante es que una empresa debe admitir abiertamente que necesita ayuda. Esto puede ser difícil para algunas compañías, pero mientras más tiempo retenga este rechazo, más cosas malas sucederán en el futuro para el negocio. Usar Scrum puede ayudar al negocio a recuperarse, salir de los problemas profundos y regresar al lugar donde les gustaría estar.

Lo más probable es que encuentre que implementar Scrum en su trabajo o negocio no será demasiado difícil. Necesitas un Scrum Master, pero la capacitación no lleva demasiado tiempo o puedes considerar contratar a alguien para que se haga cargo de esta empresa si eso funciona mejor. Luego, debe asegurarse de que todos los integrantes de su equipo estén en la misma página y comprendan cómo funcionará este Scrum Framework, por qué lo implementará para los nuevos proyectos en los que trabajará la empresa y en qué trabajará. esperar de todos los que están en el equipo.

Una vez que todos los miembros del equipo estén en la misma página, rápidamente encontrará que Scrum hará todas las diferencias de las que estamos hablando en esta guía. Puede ayudarte a hacer un gran producto que sus clientes adoren. Puede mejorar la moral con sus clientes y hace que muchos de ellos se sientan más conectados con los proyectos en los que su empresa necesita trabajar. Y con los sprints más cortos que se recomiendan en esta guía, a menudo es una excelente manera de mantenerse motivado con el equipo. En lugar de tener que esperar meses para completar el proyecto, pueden dividirlo en los sprints más pequeños, ninguno de los cuales debe durar más de cuatro semanas (y muchos de ellos suelen ser plazos más cortos). Los miembros del equipo pueden comenzar a ver resultados instantáneos en algunos casos para el trabajo que están realizando, lo que puede ser un gran motivador para que sigan trabajando.

Otra forma en la que puede usar Scrum para ayudar a su empresa es cuando hay una pequeña empresa que tiene un estado de alto rendimiento pero tiene problemas para mantener este alto rendimiento cuando quieren crecer al mismo tiempo. Este tipo de compañía puede implementar fácilmente algunos de Scrum en su organización para equilibrar las cosas.

Scrum puede facilitar la simplificación de la producción para que esta pequeña empresa no se sienta abrumada, a pesar de que hay mucho que está sucediendo. La organización ayuda enormemente en todas estas situaciones y puede hacer que el objetivo final parezca más fácil de lograr.

Por supuesto, si bien pasamos bastante tiempo hablando sobre compañías y negocios que podrían beneficiarse de Scrum, cualquier persona que esté tratando de trabajar en un problema o proyecto complejo puede encontrar que este marco es excelente para usar. Podría ser alguien que esté trabajando en una nueva aplicación de teléfono inteligente, alguien que esté mirando por encima de una tienda o un evento de caridad, o cualquier otro proyecto complejo. Scrum también es una excelente manera de convertir su lista de tareas pendientes en tareas que se pueden administrar, para ayudar a mejorar el trabajo en equipo que es necesario entre todas las partes, para crear resultados rápidos y mejorar las habilidades de comunicación. Estos pueden ser grandes beneficios, ya sea que una organización grande o una persona individual utilice el marco de Scrum en su proyecto.

Ahora, pasamos mucho tiempo hablando sobre los diversos beneficios que conlleva la implementación del marco Scrum en su negocio. Si esas razones no fueron suficientes, aquí hay siete razones más que mostrarán cuán bueno puede ser Scrum y puede hacer que la decisión de cambiar al marco de Scrum sea más fácil que nunca. Las otras siete razones por las que puede querer considerar Scrum incluyen:

- Implementación perfecta: Scrum tiene un conjunto definitorio de roles, reglas, artefactos y actividades que lo acompañan. Cuando usas todo junto, terminas con la capacidad de implementar tus ideas de una manera que parece casi Perfecto. Mientras el equipo pueda cumplir con cada regla y rol, el proyecto se convertirá en un proceso simplificado que le encantará usar.

- Fácil de usar: Scrum es realmente fácil de usar para su equipo y puede introducirlo en su organización con un mínimo de molestia. A pesar de que hay varios roles que deben cumplirse y hay algunas regulaciones que necesita para asegurarse de que todos sigan, una persona no asumirá toda la responsabilidad. Se extenderá a todo el equipo, lo que garantizará que nadie se quede con todo el trabajo y hará la vida más fácil para todos.

- Flexibilidad: Scrum es excelente porque es una práctica adaptable. A veces no siempre empiezas con toda la información y terminarás reuniéndola en el camino. Esto dará como resultado que se introduzcan algunos cambios durante el próximo sprint y se implementen también. Esto es algo que Scrum puede manejar para que no se convierta en un problema cuando se necesita un cambio.

- Reduce gran parte de su riesgo: como pasa su tiempo trabajando en incrementos, puede usar Scrum para ayudar a reducir algunos de sus riesgos. Al hacer estos incrementos, se reducirá la cantidad de desarrollo y se reducirá el riesgo de volver a comenzar después de poner todo el tiempo y el esfuerzo. Los métodos tradicionales de negocios en los que el equipo pasó meses o más trabajando en un producto y luego esperaron que funcionara bien al final de todo desaparecieron. Esto es muy arriesgado y lleva al cliente fuera del proceso demasiado. Con la ayuda de Agile y Scrum, puede mantener al cliente involucrado todo el tiempo. Entonces, cuando sea el momento

- Para que su producto final llegue al mercado y al público en general, tiene la confianza de que está proporcionando un producto de alta calidad al cliente que su cliente realmente desea.

- Optimice la eficiencia del equipo: Scrum tiene mucho que ver con un equipo que puede trabajar bien para realizar las tareas. Al seguir las etapas y resoluciones correctas, el Equipo Scrum puede convertirse en una fuerza imparable que puede crear un montón de ideas diferentes en el proceso.

- Los clientes tienen la oportunidad de usar un producto antes de su lanzamiento oficial: cuando haya terminado con cada reunión de sprint, se realizará una revisión del sprint. Aquí es donde sus clientes serán introducidos a las nuevas funciones y cambios que usted implementó en el producto y el cliente puede probarlos. Esta parte del proyecto es utilizable para el cliente, lo que le permite inspeccionar el trabajo de sus equipos y probarlo. Hacer esto disminuirá la cantidad de trabajo que su equipo debe realizar al final del proceso, al mismo tiempo que se asegura de que exista cierto control de calidad.

- Mejora continua: cuando se termine un proyecto, su equipo pasará a la retrospectiva del sprint. Esto es cuando el equipo se reunirá y luego discutirá cualquier crítica constructiva u otros problemas que puedan suceder o hayan ocurrido durante la línea de tiempo de ese proyecto. Cuando el equipo se toma el tiempo necesario para resolver cualquier problema en ese momento, en lugar de dejarlos de lado y no pensar en ellos, pueden asegurarse de que no ocurran problemas similares en el futuro.

Como puede ver, hay un montón de implementaciones y beneficios de usar Scrum Framework. Es importante que todos estén a bordo cuando se trata de usar este sistema y que todos estén dispuestos a escuchar, comunicarse y trabajar juntos durante los sprints para realizar el trabajo. Si solo una persona hace todo el trabajo o incluso si una persona se niega a realizar cualquier trabajo, puede deshacerse de la dinámica de todo el equipo.

Pero con todos los beneficios que se obtienen al usar Scrum Framework y toda la eficiencia y productividad que puede brindar a su equipo, sigue siendo una gran opción para usar y muchas veces, no se encontrará con ningún problema para conseguir su equipo. A bordo con este nuevo método de hacer las cosas en cada proyecto.

Capítulo 6

Roles no esenciales en Scrum

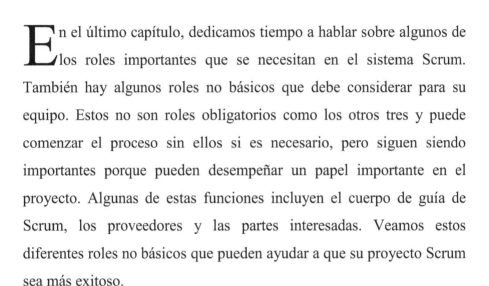

En el último capítulo, dedicamos tiempo a hablar sobre algunos de los roles importantes que se necesitan en el sistema Scrum. También hay algunos roles no básicos que debe considerar para su equipo. Estos no son roles obligatorios como los otros tres y puede comenzar el proceso sin ellos si es necesario, pero siguen siendo importantes porque pueden desempeñar un papel importante en el proyecto. Algunas de estas funciones incluyen el cuerpo de guía de Scrum, los proveedores y las partes interesadas. Veamos estos diferentes roles no básicos que pueden ayudar a que su proyecto Scrum sea más exitoso.

Tenedor de apuestas

El primer rol no básico que vamos a analizar es el tenedor de apuestas. Este término se usará para incluir usuarios, patrocinadores y clientes que puedan trabajar con Scrum Team, Scrum Master y Product Owner. Estas partes interesadas tienen el trabajo de generar ideas y ayudar a iniciar la creación del producto o servicio para el proyecto y también pueden proporcionar cierta influencia a lo largo del proceso de desarrollo de este proyecto.

El cliente, en particular, es el que va a comprar el producto o servicio cuando todo esté listo. Es posible que el proyecto tenga clientes que estén dentro de la misma organización, también conocidos como clientes internos, o que tenga clientes que estén fuera de la organización también conocidos como clientes externos. Ambos tipos de clientes pueden hacer un gran trabajo cuando se trata de ayudarlo con el proyecto Scrum.

Luego está el usuario del producto. Al igual que con los clientes, también puede tener usuarios externos e internos. Incluso es posible que en algunos casos los usuarios y los clientes sean la misma persona. Y, finalmente, el patrocinador será la organización o persona que pueda proporcionar los recursos y el apoyo necesarios para el proyecto. También pueden ser los responsables del proyecto cuando finalice.

Vendedor

Otro rol no básico que puede venir con Scrum incluye a los proveedores. Estas van a ser organizaciones externas y personas en el proyecto. Pueden proporcionar productos y servicios que generalmente no se encuentran dentro de la organización del proyecto. Pueden ayudar a traer artículos, recursos y más que pueden no haber estado disponibles antes.

Dependiendo del tipo de proyecto en el que decida trabajar, es posible que tenga que trabajar con un proveedor. Ellos podrán proporcionarle los materiales que necesita para completar el proyecto. Asegúrese de establecer una buena relación de trabajo con los proveedores que necesita para asegurarse de que siempre pueda obtener los productos y suministros que necesita para que su proyecto siga funcionando sin problemas.

Scrum Guidance Body

El Scrum Guidance Body es otra parte opcional que puede venir con su proyecto y estará conformada por un grupo de expertos o un grupo de documentos. Este cuerpo de orientación va a definir las regulaciones gubernamentales, seguridad, objetivos relacionados con la calidad y otros parámetros que son necesarios a medida que el proyecto avanza.

Estas pautas son importantes para ayudar al Equipo Scrum, a Scrum Master y al Propietario del producto a terminar su trabajo de una manera efectiva y consistente. Este cuerpo de orientación puede ser una excelente manera para que la organización conozca las mejores prácticas a seguir y cuáles deben usar en todos sus proyectos Scrum. No desea que su equipo dedique mucho tiempo a trabajar en un proyecto para descubrir que no coincide con lo que la compañía valora más, lo que se describe en las regulaciones de la compañía y con las regulaciones gubernamentales y federales para todas las empresas.

Este cuerpo de orientación entrará y se asegurará de que la organización sepa cuáles son las mejores prácticas y cuáles deberían utilizarse en todos sus proyectos Scrum. Si usted o su equipo alguna vez tienen una pregunta sobre las regulaciones y reglas de Scrum y desea asegurarse de cumplir con todas estas condiciones, entonces hablar con el Cuerpo de Orientación de Scrum es un buen lugar para comenzar y asegurarse de cumplir con todas estas reglas. .

Una cosa a tener en cuenta sobre este cuerpo de orientación es que no está ahí para tomar decisiones que estén relacionadas con el proyecto. No están allí para decidir en qué tareas trabajar, cómo trabajar en las tareas o cualquier otra cosa en la que el equipo de Scrum u otros puedan centrarse. En su lugar, está allí para asegurarse de que se siguen todas las pautas. Utilizará las pautas de manera estructural para que todos los miembros de la organización del proyecto consulten el programa, el proyecto y la cartera. Tu Equipo Scrum puede encontrar que este es un buen lugar para comenzar todos los proyectos y pueden pedir consejo al cuerpo de orientación cuando sea necesario.

Recuerde, estos roles no son todos necesarios y es posible que pueda trabajar en su proyecto sin estos roles. Usted y su equipo pueden realizar un seguimiento de los suministros que necesita hacer e incluso pueden trabajar en las regulaciones y más si lo necesitan. Estos roles adicionales pueden ser realmente agradables si puede permitirse el lujo de tenerlos, pero si no puede, entonces puede hacer que su equipo Scrum trabaje y funcione bien sin ellos.

Agregar estas tres opciones no básicas a su equipo puede ayudarlo a ser más eficiente y puede hacer que los proyectos se realicen más fácilmente que antes. A muchos equipos les puede ir bien con solo las posiciones centrales que discutimos antes. Pero otras compañías encuentran que agregar estas partes, al menos a tiempo parcial, puede realmente hacer una diferencia en la forma en que se desarrollará su proyecto.

Capítulo 7

Las diferentes partes que necesita para un proyecto Scrum exitoso

————— ◆ —————

Ahora es el momento de echar un vistazo a las diferentes partes que necesita agregar a su proyecto Scrum. Estos a menudo se denominan artefactos y Scrum Framework los usará para garantizar que puedan proporcionar cierta información precisa sobre un producto. Esto podría incluir información sobre lo que sucede con el producto mientras se está desarrollando, las diferentes actividades que se están planificando para el producto e incluso qué actividades realizó el equipo.

The Backlog

User management	Travel reservations	Promos and offers
Create an account	Book space travel	Percentage discounts
Stored payment info	Book a hotel	Comparison flies free
Linked family profiles	Book rental space	Customer loyalty
Travel preferences	Book group tickets	Family discounts

45

El primer artefacto del que debemos hablar para nuestro Scrum Framework es la acumulación. Esta será una lista de las características, correcciones, funciones y requisitos que se necesitan para el producto para cualquiera de sus lanzamientos en el futuro.

A medida que el producto se lance al mercado y los clientes comiencen a usarlo, los comentarios se enviarán al equipo y los cambios que se colocan en la cartera de pedidos se volverán aún más grandes.

Cuando lance un producto por primera vez, es probable que la acumulación de pedidos sea pequeña o que no contenga nada. A lo sumo, es posible que haya algunas ideas que el equipo quería explorar, pero para las que no tenía tiempo. Pero cuando ese producto se lance por primera vez al mercado, la acumulación permanecerá vacía. Con el tiempo, a medida que los clientes utilicen el producto y comiencen a proporcionar comentarios, la acumulación de pedidos comenzará a llenarse un poco más y se dará cuenta de que también se presentarán muchas tareas nuevas al respecto. La cantidad de tareas dependerá de la retroalimentación del producto, en qué otros productos desea trabajar y cuánto tiempo transcurre entre la versión original y la nueva.

Incluso es posible que el equipo realice y modifique completamente el trabajo pendiente, en función de las condiciones del mercado, los requisitos comerciales y la tecnología. Mientras exista su producto, la acumulación de productos cambiará, se adaptará y también existirá.

En la mayoría de los casos, los elementos que se encuentran en el registro de su producto tendrán una descripción, estimación, orden y valor asignados a ellos. Esta lista nunca será terminada y cambiará constantemente dependiendo de lo que se deba hacer o cambiar al producto en este momento. A menudo, el propietario del producto será la única persona a cargo de esta acumulación, aunque es posible que el equipo cree algo. Que se conoce como "Refinamiento del Backlog del producto". Cuando esto sucede, el Equipo Scrum ha agregado orden de prioridad, detalles y estimaciones a la lista y han tomado decisiones sobre cómo y cuándo debe hacerse el refinamiento.

El proceso de refinamiento de un producto es muy importante y puede determinar qué actividades se eligen y cómo el producto cambia con el tiempo. Algunas de las diferentes actividades que ocurren durante este proceso de refinamiento incluirán:

- Revisar los elementos que se consideran la prioridad más alta en la parte superior de esta acumulación.

- Pedir más información sobre este proyecto si es necesario.

- El propietario del producto tendría las respuestas que se necesitan.

- Eliminar cualquier elemento que ya no sea relevante.

- Escribir nuevos elementos cuando sea necesario.

- Clasificación y priorización de los elementos que están en la cartera

- Redefinir y aceptar nuevos criterios según sea necesario.

- Refine los elementos que necesita para preparar algunos de sus futuros esprints.

- Comprender que la arquitectura de un producto puede cambiar a medida que su acumulación comienza a surgir.

Cuantos más detalles pueda colocar en esta acumulación, más arriba estará en la lista. Esto es tan importante para tener estimaciones precisas de cada artículo para obtener el proyecto completado Por lo tanto, si un elemento tiene menos detalles, estará más abajo en la lista y el equipo tardará más en llegar. Una vez que el Equipo Scrum pueda poner más detalles en el elemento, es posible que ese suba más alto.

Sprint Backlog

La siguiente cosa en la que puedes trabajar con este marco es el backlog de sprint. Esto es algo así como una lista de tareas pendientes que el equipo de Scrum debe realizar. Es un conjunto de elementos de la reserva original que se seleccionan para ese sprint en particular e incluirán un plan para garantizar que el objetivo se cumpla durante ese sprint. Básicamente, esta acumulación le mostrará al Equipo Scrum lo que deben hacer para garantizar que cumplan con el objetivo de ese sprint.

Esta es una lista que puede ver algunas modificaciones a través del proceso. Si hay trabajo nuevo que se muestra, el equipo de Scrum deberá agregarlo a este trabajo pendiente. Y en algunos casos, el equipo examinará la lista y considerará que algunas de las tareas no son necesarias y tomarán ese elemento de la lista.

Solo su Equipo Scrum puede hacer cualquier alteración en la acumulación de sprint durante ese sprint. Está hecho para ayudar específicamente al equipo y puede asegurar que se mantengan en el camino y enfocados. Es como una imagen en tiempo real del trabajo que su equipo necesita realizar durante un sprint en particular y es importante que el equipo tenga control total sobre todo lo que está en él.

Gráfico de Sprint Burn-Down

En muchos casos, esto ni siquiera se considerará como uno de los artefactos, pero aparece bastante durante el proceso, por lo que todavía es una cosa importante de la que hablar. Mientras se lleva a cabo un sprint, el equipo puede realizar un seguimiento de la cantidad de trabajo que aún queda en su registro de sprint. Esta es una de las mejores maneras en que el equipo puede ver cuánto tiempo tienen para lograr su objetivo y puede facilitarles la gestión del progreso que están logrando.

Muchos equipos de scrum van a usar una práctica que se conoce como el gráfico de reducción de Sprint como su método para monitorear este progreso. El propietario del producto puede tomar esta información y la comparará con otras revisiones de sprint. Esto les ayuda a ver si el equipo está a tiempo y va a completar el trabajo a tiempo para alcanzar la meta. Luego, el propietario del producto puede compartir esta información con sus partes interesadas y otras partes interesadas para ayudar a todos a estar en la misma página durante el proyecto.

Incremento

El incremento será uno de los artefactos más importantes de Scrum Framework. El incremento se produce cuando el equipo puede combinar todos los elementos de la cartera de productos que se completan durante un sprint con los incrementos de todos los sprints anteriores. Cuando finaliza un sprint, el incremento debe considerarse completo, lo que significa que ahora está en condiciones de uso y también cumple con la "Definición de Hecho" del equipo. La definición de hecho es un documento de compartido.

Comprensión por parte del equipo que definirá específicamente lo que significan cuando se trata de terminar con un sprint.

Ahora, cada equipo de Scrum tendrá una definición diferente aquí y, a menudo, cambiará y madurará a medida que el equipo comience a crecer. Y aunque el propietario del producto puede decidir no lanzarlo en ese momento, el producto debe estar al menos en condiciones de trabajo. Los miembros del equipo deben ser responsables de definir lo que se considera un incremento. Puede haber algunas opiniones diferentes aquí, pero todas deben tener un entendimiento de lo que significa que el trabajo esté completo para que el producto se haga oficialmente y esté listo para comenzar.

Luego, el equipo puede usar esta información una vez que se realiza la tarea. Esta información también puede ser útil cuando el equipo necesita saber cuántos elementos se seleccionan del registro original durante la planificación del sprint. El equipo puede decidir cuánto tiempo tomará el sprint, cuánto trabajo querrá asumir, y cuándo considerarán que el producto y el sprint se realizarán oficialmente antes de seguir adelante.

Lo principal que se debe sacar de aquí es que el trabajo acumulado del producto y el trabajo acumulado de sprint se utilizarán para informar al equipo sobre el trabajo que debe realizarse y todo el trabajo realizado en esos trabajos atrasados debe agregar valor al proyecto final. El incremento del producto es cuando el producto se completa a través de su sprint. Cada una de estas partes tendrá un propósito específico para garantizar que todos los miembros del equipo trabajen juntos, que tengan una buena idea de cómo estar en la misma página y que el equipo pueda completar las tareas correctas para alcanzar un objetivo. objetivo común al final.

Capítulo 8

Cómo funciona la
acumulación de productos

———————◆———————

Un backlog ágil que está bien priorizado es tan importante. No solo ayuda a simplificar un poco la planificación de lanzamiento e iteración, sino que también transmite todos los elementos y trabajos en los que el equipo va a dedicar su tiempo. Esto puede incluir una gran cantidad de trabajo interno que el cliente nunca verá. Esta acumulación ayudará a establecer algunas expectativas realistas con las partes interesadas y cualquier otro equipo involucrado, especialmente cuando se trata de aquellos equipos que intentan aportar trabajo adicional a su equipo y pueden hacer que el tiempo de ingeniería sea un activo más fijo que antes.

¿Qué es la cartera de productos?

Hay algunos tipos diferentes de trabajos pendientes que verá con un proyecto de Scrum, pero aquí vamos a pasar un tiempo mirando un registro de productos. El backlog del producto será una lista de trabajos priorizados y clasificados. Este es un trabajo que el equipo de desarrollo puede elegir para trabajar y se deriva de la hoja de ruta y de todos los requisitos que vienen con esto. Los elementos más importantes que deben hacerse primero se mostrarán en la parte superior de esta acumulación, alertando al equipo sobre lo que necesitan entregar y hacer primero.

El equipo de desarrollo no necesita trabajar a través de esta acumulación al mismo ritmo que el propietario del producto. El propietario del producto tampoco va a presionar al equipo de desarrollo para que este proceso elimine parte de esa presión y estrés. En su lugar, el equipo de desarrollo extrae el trabajo de este trabajo acumulado, ya que tiene tiempo para hacerlo y luego lo hace. Básicamente, el equipo se preparará para planificar un nuevo sprint y decidir cuánto del trabajo pueden, de manera efectiva y eficiente.

Realista realista en ese tiempo de carrera.

La hoja de ruta del equipo y sus requisitos formarán una gran parte de la base que se produce en la acumulación del producto. Las iniciativas de la hoja de ruta se desglosarán en lo que se conoce como épicas y cada una de ellas tendrá varias historias y requisitos de usuario.

El propietario del producto tomará cada una de estas historias de usuario y las organizará en una única lista que será más fácil para el equipo de desarrollo revisar y elegir. El propietario del producto a veces puede optar por entregar primero la epopeya completa o puede decidir lanzarlo todo con los elementos más importantes primero y dejar que el equipo de desarrollo trabaje desde allí.

El propietario del producto puede elegir qué elementos son los más importantes y deben hacerse primero. Manejarán el sistema de clasificación para salvar al equipo de desarrollo en algún momento.

Algunos de los factores que influirán en la priorización del propietario de un producto incluyen:

- Prioridad del cliente

- Relaciones simbióticas entre elementos de trabajo.

- Dificultad de implementación relativa

- La urgencia de obtener retroalimentación.

Si bien el propietario del producto será el responsable de clasificar los diferentes elementos de trabajo en el trabajo pendiente, no lo hacen por su cuenta. Los propietarios de productos efectivos buscarán comentarios y opiniones de los diseñadores, el equipo de desarrollo y los clientes para optimizar la carga de trabajo para todos y asegurarnos de obtener la mejor entrega del producto.

Asegurándose de que la acumulación se mantenga saludable

Una vez que el trabajo acumulado está construido y listo para funcionar, es importante que el propietario del producto lo mantenga de manera regular para garantizar que se mantenga a la par del producto. El propietario del producto debe revisar y revisar la acumulación de pedidos antes de cada reunión de planificación de la iteración para asegurarse de que las clasificaciones siguen siendo correctas y que no se han realizado nuevas tareas, por lo que es necesario tener una clasificación más alta que algunas opciones anteriores. También pueden ver si los comentarios provenientes de la iteración anterior están ahora incorporados o no en la cartera de productos. Esta revisión regular del trabajo acumulado se denomina preparación de trabajos atrasados en círculos ágiles o puede ir con el nombre de refinamiento de trabajos atrasados.

Una vez que la acumulación de pedidos comienza a aumentar, los propietarios del producto deben agrupar la acumulación en elementos a largo y corto plazo. Los elementos a corto plazo deben estar completamente desarrollados antes de ser etiquetados como tales. Esto significa que las historias de los usuarios deben redactarse, la colaboración con los equipos de desarrollo y diseño debe resolverse, y las estimaciones del equipo de desarrollo están preparadas y listas para comenzar.

Los artículos a largo plazo, por otro lado, no tienen que hacerse de inmediato. Estos pueden permanecer un poco imprecisos, pero es una buena idea obtener algunas estimaciones del equipo de desarrollo para facilitar las cosas en el futuro. Recuerde que la clave para recordar aquí es "en bruto". Las estimaciones cambiarán una vez que el equipo entienda completamente y comience a trabajar realmente en estos elementos que son a largo plazo.

El backlog servirá como la conexión entre el propietario del producto y el equipo de desarrollo. El propietario es libre de realizar y clasificar el trabajo de diferentes maneras según los comentarios de los clientes, las estimaciones de refinamiento o los nuevos requisitos que surjan. Sin embargo, estos cambios deben realizarse antes de que el trabajo esté en progreso. Una vez que el trabajo se considera en progreso, o si el equipo de desarrollo decide que lo incluirán en su carrera, lo mejor es mantener los cambios lo más lejos posible. Cada cambio puede interrumpir el flujo del producto y puede afectar el enfoque y la moral al mismo tiempo.

También hay algunos patrones que harán las cosas más difíciles y que debes tener en cuenta. Algunos de estos incluyen:

- El propietario del producto prioriza el retraso al inicio del proyecto, pero no realiza ajustes a medida que los comentarios y los desarrolladores comienzan a recibir comentarios.

- El equipo limita los elementos que están en el registro a aquellos que solo se enfrentan los clientes.

- La acumulación se guarda como un documento y se almacena localmente. Tampoco se comparte a menudo, por lo que es difícil para las personas que están más interesadas en obtener las actualizaciones correctas en el camino.

¿Cómo puede este Backlog ayudar a mi equipo a ser ágil?

Los buenos propietarios de productos pasarán tiempo en el trabajo pendiente, asegurándose de que sea un esquema confiable y compartible de los elementos de trabajo que deben completarse para un proyecto. Las partes interesadas, a veces, desafiarán algunas de las prioridades y esto no siempre es algo malo. Criado

La discusión sobre qué es lo más importante puede hacer que las prioridades de todos estén sincronizadas. Estas son buenas discusiones, las que fomentarán una cultura de priorización grupal que asegure que todos estén en la misma página cuando se trata de trabajar en el programa.

Esta acumulación también es la base cuando se trata de la planificación de la iteración. Todos los elementos que deben completarse deben estar en esa acumulación. Esto incluye elementos como elementos de acción que quedan de la retrospectiva, solicitudes de clientes, deuda técnica, cambios de diseño, errores e historias de usuario. Cuando todos esos elementos están en un solo lugar, garantiza que los elementos de trabajo se incluyan en la discusión general para cada iteración. Los miembros del equipo a veces pueden hacer una compensación con el propietario del producto antes de comenzar una iteración, mientras que también saben todo lo que debe completarse al final.

El propietario del producto es quien se encargará de dictar la prioridad de todos los elementos que deben realizarse a través de la acumulación. El equipo de desarrollo luego dictará la velocidad o la velocidad que pueden obtener a través de este retraso.

Esto puede ser difícil de acostumbrar para algunos propietarios de productos más nuevos que desean impulsar el trabajo al equipo, pero asegura que el equipo tenga más poder y diga sobre lo que puede hacer y evita que trabajen demasiado y pierdan la moral. el proyecto. Si algo debe ser clasificado más alto o cambiado en el camino, el propietario del producto siempre puede moverlo al principio de la lista para asegurarse de que se haga un poco más rápido.

El retraso será una parte importante del proyecto Scrum. Permite al propietario del producto decidir qué se debe hacer primero y qué elementos deben hacerse para comenzar, y le permite al equipo de desarrollo elegir los elementos con los que desea trabajar en el próximo sprint. Todo el mundo siente que es dueño del ciclo y no hay problema con que el equipo se sienta abrumado por todo el trabajo adicional que el propietario del producto les está enviando, mientras que el propietario del producto tiene la ventaja de saber que el trabajo se realizará. Esto trae mucha armonía y buena voluntad a todos en el equipo.

Capítulo 9

Entender cómo funciona la planificación de Sprint

———————— ♦ ————————

Hemos discutido un poco del proceso que viene con los sprints, pero ahora es el momento de echar un vistazo a los detalles y detalles sobre la planificación del sprint. La planificación del sprint es básicamente un evento en el proceso Scrum que inicia el sprint. El propósito de hacer esto es definir qué entregará el equipo durante ese sprint y cómo se logrará ese trabajo. Este tipo de planificación debe realizarse en colaboración con todo el equipo de Scrum.

En Scrum, el sprint será un período de tiempo establecido en el que el equipo necesita cumplir todos sus objetivos. Recorrerán la cartera de productos y elegirán las tareas y los elementos en los que desean trabajar más y luego continuarán desde allí. Sin embargo, antes de poder ir al trabajo y estar en acción, debe tomarse el tiempo para configurar el sprint. Debe decidir cuánto tiempo durará el sprint (puede ser de un día a cuatro semanas), el objetivo del sprint y dónde planea comenzar.

La sesión de planificación comenzará con algunos ajustes de la agenda y algunos ejercicios de enfoque. Si se hace de la manera adecuada, también puede asegurarse de que el entorno para el equipo sea donde se los desafíe, motive y tenga la oportunidad de tener éxito. Si la planificación del sprint es mala, a veces puede descarrilar al equipo porque establecen expectativas poco realistas y no pueden completar todo el trabajo.

Hay algunas cosas que deben tenerse en cuenta cuando se trata de buenas sesiones de planificación de sprint. Algunas de las preguntas que a menudo son formuladas y contestadas por el equipo de desarrollo de Scrum durante este tiempo incluyen:

- El qué: el propietario del producto comenzará la sesión de planificación describiendo las metas o los objetivos del sprint y qué elementos de la cartera de productos contribuirán a esa meta. Luego, el equipo decidirá qué se puede hacer durante ese sprint y qué pasos tomarán a lo largo del sprint para asegurarse de que puedan realizar todo el trabajo.

- El cómo: El equipo de desarrollo luego planificará el trabajo que es necesario para ayudarles a cumplir el objetivo del sprint. El plan de sprint resultante será una negociación entre el propietario del producto y el equipo de desarrollo basado en el valor y el esfuerzo y lo que se puede hacer durante un período de tiempo específico.

- El quién: no se puede pasar por la planificación del sprint sin el equipo de desarrollo y el propietario del producto. El propietario del producto puede ser importante porque definirán el objetivo en función del valor final que desean alcanzar. Luego, el equipo de desarrollo debe comprender completamente cómo pueden, y en ocasiones no pueden, cumplir con ese objetivo. Si cualquiera de las partes falta en esta sesión de planificación, se vuelve muy difícil planificar el próximo sprint.

- Las entradas: un gran punto de partida para el plan de sprint es la acumulación de productos. Esta es básicamente la lista de elementos de trabajo que deben realizarse y algunos de ellos se convertirán en una parte importante de su carrera actual. El equipo también debe tómese un tiempo para observar cualquiera de los trabajos existentes que se realizaron durante ese incremento y luego verifique la capacidad para ver a dónde deben ir desde allí.

- Los resultados: el resultado más importante de este tipo de reunión es que al final, el equipo puede describir el objetivo del sprint y cómo planean tomar medidas para trabajar hacia este objetivo. Esto es algo que se hará visible en la cartera de sprint.

Cómo prepararse para una reunión de planificación de Sprint

Ejecutar una gran sesión de planificación de sprint puede tomar algo de disciplina. El propietario del producto debe estar preparado. Necesitan tener información sobre el sprint anterior, los comentarios de las partes interesadas y una visión del producto porque toda esta información puede ayudarlos a preparar el escenario para este sprint. Para ayudar con cualquier problema de transparencia, la acumulación de productos debe estar lo más actualizada posible e incluso tener algunas mejoras según sea necesario.

Los refinamientos en el backlog son más opcionales, principalmente porque hay algunos backlogs que no van a necesitar hacer este paso. Sin embargo, para la mayoría de los equipos, es mejor reunir a todos y revisar el trabajo acumulado e incluso completar algunos refinamientos antes de comenzar con la planificación del sprint.

Si está trabajando en un sprint de dos semanas, es posible que desee trabajar en una reunión de refinamiento para la acumulación en el medio de ese sprint. Este es un buen momento porque el equipo puede dar un paso atrás de su carrera de velocidad durante unos minutos y ver lo que vendrá a continuación.

Esto lo puede preparar con anticipación para la planificación del sprint, pero a veces brinda otra perspectiva cuando se trata del trabajo actual que está haciendo el equipo.

Establecer un límite de tiempo para el proceso de planificación

La planificación del sprint no debería perder tiempo. Nunca debe tomar más de dos horas por cada semana del sprint. Esto es probablemente un poco largo. Una reunión de dos horas para un sprint de dos semanas probablemente sea suficiente. Este proceso a menudo se conoce como cronometraje o configuración de una cantidad máxima de tiempo para que el equipo realice la tarea. Para esta situación, estamos configurando la cantidad máxima de tiempo que el equipo puede trabajar para planificar el sprint.

Recuerde que no conocer un hecho es una situación completamente diferente en comparación con ser vago. No necesitas ignorar las incógnitas porque son simplemente una realidad de hacer un trabajo que es difícil. Pero nunca los escondas detrás de palabras vagas. En su lugar, es mejor ser claro cuando no se sabe algo y luego encuadrar el trabajo de manera que el equipo intente comprender mejor ese tema o ese tema.

Se requieren estimaciones, pero nunca pretenda saber más de lo que realmente hace a medida que comience a planear el sprint, encontrará que hay ocasiones en las que necesita estimar algo. El equipo tendrá que definir qué se puede o no puede hacer en un sprint en particular para que puedan estimar cuánto son capaces de hacer. La estimación se confunde a veces con un compromiso con este proceso.

Las estimaciones se van a basar en el conocimiento en cuestión. Las técnicas como los puntos de historia pueden agregar algo de valor a este proceso porque le permiten al equipo encontrar nuevas formas de ver un problema. Sin embargo, estas estimaciones no pretenden ser herramientas mágicas que descubrirán la verdad, especialmente si no hay verdad que descubrir. Mientras más incógnitas se encuentren en el proceso, menor será la probabilidad de que la estimación sea la correcta.

Una buena estimación requiere un entorno de confianza, un entorno donde la información se brinde libremente y donde se discutan las suposiciones de una manera que pueda ayudar al equipo a mejorar y aprender. Si estas estimaciones comienzan a usarse de manera negativa o de confrontación después de que se realiza el trabajo, es más probable que las estimaciones futuras sean demasiado grandes (lo que garantiza que el equipo no vuelva a estar equivocado), o el tiempo que se tarda en hacerlas será mucho más largo (el equipo se pregunta a sí mismo porque no quieren lidiar con ninguna implicación de que la suposición sea incorrecta).

Durante esta sesión de planificación, su equipo debe explorar algunas de las diferentes técnicas que pueden usarse para ayudar a hacer estimaciones. Es posible que el uso de algunas técnicas diferentes proporcione una visión del problema mucho más diferente que antes.

Las mejores prácticas para la planificación de Sprint

A veces es fácil que un equipo se enrede en todos los detalles que vienen con este tipo de planificación. Recuerde que en lugar de centrarse en todos los pequeños detalles, debe centrarse en crear un plan "justo lo suficiente" para este sprint. Este plan debe centrar la atención del equipo en resultados valiosos y permitirá una buena Barandillas para la autoorganización. Un buen plan para un sprint motivará a todo el equipo porque define un resultado junto con un camino claro y bueno para el éxito.

Pero tampoco querrás pasar mucho tiempo planeando mucho por adelantado. Esto puede interferir en todo el trabajo y los elementos que deben realizarse más adelante. En lugar de crear un plan que represente cada minuto todo el tiempo, debe concentrarse en un plan que tenga un objetivo y que tenga todas las tareas en línea para que el equipo sepa en qué están trabajando. Además, asegúrese de que la acumulación de productos aún esté ordenada y clasificada, de manera que si el equipo logra cumplir con el objetivo del sprint temprano en la ocasión, puede volver y realizar más trabajos si es necesario, en lugar de simplemente sentarse y perder el tiempo.

Básicamente, durante el proceso de planificación de Scrum, es su trabajo organizar las cosas, seleccionar las tareas que el equipo puede completar y tener el objetivo de mantener a todos en la misma página. Pero el plan no necesita tener cada pequeño detalle planificado para cada persona en el equipo. Esto se vuelve demasiado restrictivo y pone mucha presión sobre el individuo cada vez. Todos pueden salir de la reunión con una idea de lo que debería suceder a continuación y luego pueden trabajar para completar todos los elementos a tiempo.

La idea de Scrum es un marco de proceso que tiene como objetivo ayudar a una empresa o equipo a resolver algunos problemas complejos. Estos problemas complejos a menudo necesitan más un proceso empírico o la idea de aprender haciendo. Estos procesos pueden ser difíciles de planificar, por lo que nunca se le ocurrirá el plan perfecto cuando comience. Es mucho mejor enfocar su atención en los resultados y luego comenzar con el proceso Scrum.

Capítulo 10

Haciendo una revisión de Sprint

El siguiente paso en el que debe centrarse durante el proceso de Scrum es la revisión de Sprint. Recuerde que estas revisiones no se consideran lo mismo que una retrospectiva. Una revisión del sprint consiste en mostrar el arduo trabajo de todos los que estaban en el equipo. Esto incluye el propietario del producto, los desarrolladores y los diseñadores. Estos no necesitan ser profundos o tomar mucho tiempo y la mayoría de las empresas optan por mantenerlos bastante informales.

Durante la revisión, los miembros del equipo se reunirán para describir todo el trabajo que han podido hacer para la iteración. Este es el momento perfecto para que todos hagan preguntas, prueben algunas de las nuevas características que se agregaron durante esa iteración y brinden algunos comentarios. Si bien hay algunas compañías que piensan que esto es una pérdida de tiempo y tratan de dejarlo fuera del proceso Scrum, definitivamente es algo que se debe hacer porque compartir el éxito puede ser una excelente manera de construir un equipo ágil. .

Sin embargo, antes de adentrarnos demasiado en la revisión del sprint, es importante echar un vistazo a la definición de "hecho" en Scrum. Esto variará de un equipo a otro e incluso puede cambiar según el tipo de proyecto que se está completando. Echemos un vistazo a lo que esto puede significar y por qué es tan importante para el proceso de revisión.

Definiendo "Hecho"

Ya sea que use Jira u otro software para ayudar a realizar el proceso de Scrum, no hay nada que sea más satisfactorio que ser capaz de mover una tarea de la revisión del código a la finalización. Esta es una excelente manera de sentirse más realizado como equipo y sentir que el trabajo que ha realizado durante el último sprint finalmente se ha completado. Ser capaz de cruzar la línea de meta y terminar todo ese trabajo requerirá una buena planificación, ejecución enfocada y una buena definición de lo que significa "hecho".

La mayor parte de este trabajo se realizará durante la fase de planificación del sprint, pero para asegurarse de tener un buen sprint y una revisión exitosa del sprint, la mayoría de los equipos tendrán que hacer un poco más que solo planificar. Deben tomarse el tiempo para crear una cultura que sea clara sobre cómo entregar el trabajo terminado, así como una buena definición de lo que consideran hecho con cada elemento de trabajo.

Los equipos eficaces pueden aportar procesos claros y una cultura de desarrollo a todos los elementos de trabajo que completan. Algunas de las preguntas que puede hacer para evaluar su proceso y asegurarse de que funcione de manera óptima para su equipo incluyen:

- ¿Todas las historias de usuario están bien definidas y definidas por el propietario del producto, el equipo de ingeniería y el diseñador antes de la implementación?

- ¿Todos comprenden y siguen los valores y la cultura del equipo de ingeniería?

- ¿Existen algunos requisitos y definiciones claros sobre la revisión del código, la integración continua y las pruebas automatizadas para ayudar a fomentar un desarrollo ágil que sea sostenible?

- Después de que su equipo haya completado una historia, ¿hay muchos errores que aparecen? En otras palabras, ¿"hecho" realmente significa que el proyecto está "terminado"?

La cultura del equipo en cuanto a la finalización y la calidad debe estar por encima de la historia del usuario, el elemento de trabajo y el error. Esta cultura reflejará la manera en que el equipo se acerca y entrega el software.

Una definición clara de hecho puede ayudar al equipo a centrarse en cuál es su objetivo final para cada uno de los elementos que deben completar. Cuando el propietario del producto comienza a agregar más trabajo a la acumulación, la definición de lo que se conoce como los criterios de aceptación será una parte clave de cómo el propietario del producto hace esto. A medida que agreguen los elementos, pensarán en la pregunta "¿Qué significa que esta historia de usuario se complete?" Las notas de prueba y los criterios de aceptación pueden ayudarlo a descubrir el punto final de esa historia de usuario. ¿Pero cuáles son estos dos elementos?

Criterios de aceptación: Estas son las métricas que el propietario del producto va a utilizar para confirmar que la historia se ha implementado de una manera que satisfaga su satisfacción.

Notas de prueba: estas serán guías breves y enfocadas que provienen del equipo a cargo de la asistencia de calidad. Están allí para ayudar al ingeniero de desarrollo a escribir mejores pruebas automatizadas y códigos de características.

Tener estos problemas bien definidos en la implementación garantiza que todos tengan éxito. Solo necesitas estar en la misma página el uno con el otro. Cuando hay una definición clara de lo que se hace significa que desde el principio todos saben cuándo se completó el sprint y cuándo es hora de celebrar su arduo trabajo.

Capítulo 11

La importancia de una
retrospectiva de Sprint

———— ♦ ————

El paso final que viene con trabajar en un sprint es que todo el equipo realice una retrospectiva de sprint. Este es un momento en el que todo el equipo se reúne y reflexiona sobre qué fue lo correcto con el sprint, qué se puede mejorar y cualquier otra cosa que se deba mencionar cuando se trata de trabajar en el próximo sprint.

El manifiesto ágil dejó claro que esta retrospectiva era necesaria. Para utilizar los valores ágiles de la manera correcta, cualquier equipo que lo use debe reunirse regularmente para registrarse y realizar los ajustes necesarios. Más comúnmente, el equipo de desarrollo necesita aplicar este principio simplemente al organizar reuniones para hacerlo de manera regular.

A veces, puede parecer un poco loco tomarse el tiempo para repasar el último sprint antes de poder pasar al siguiente. Estos sprints son tan cortos que puede parecer una mejor opción para poder simplemente pasar al siguiente sprint y quizás registrarse una o dos veces al año. La razón por la que un equipo debería entusiasmarse con estas retrospectivas es que así es como la idea de ágil puede realmente llegar a su lugar. Piense en los siguientes valores que vienen con ágil:

- Personas e interacciones sobre cualquier herramienta y proceso.

- Respondiendo al cambio siguiendo un plan establecido.

A primera vista, estos dos son básicamente de lo que trata la retrospectiva. Se trata de trabajar con personas reales para realizar las mejoras y los cambios que sean necesarios. Muy pocas cosas ayudarán a reforzar estos principios de una mejor manera. Ahora que tenemos una mejor idea de por qué estas retrospectivas son tan importantes, echemos un vistazo a cómo organizar una de estas reuniones con su equipo al final de cada carrera.

La reunión

Estas retrospectivas pueden ser una excelente manera para que todo su equipo se evalúe a sí mismo y luego creará un plan para abordar las áreas que necesitan mejorar en el futuro. Toda la reunión abarcará la idea de tratar de mejorar todo el tiempo. Muchas veces, la complacencia será el final de un equipo o empresa en particular. Entran en la idea de que están haciendo las cosas lo suficientemente bien y que deberían dejarlo ahí. Pero si desea que su negocio siga avanzando y el equipo quiera ser lo más productivo y eficiente posible, entonces no es la mentalidad que debe tener. Para hacer esto, la retrospectiva hará que el equipo salga de su ciclo de trabajo para que puedan reflexionar un poco más sobre el pasado. Todo el propósito de esta reunión es hacer lo siguiente:

- El equipo examinará el último elemento de trabajo, la iteración o el sprint y verá cómo fue. Quieren ver específicamente las herramientas, los procesos y la dinámica del equipo y discutir si hay algo que deba mejorarse.

- Se articularán y luego apilarán los elementos de rango que terminaron haciéndolos bien. También pueden hacer lo mismo con algunos de los elementos que no les fueron tan bien.

- El equipo puede crear, así como implementar un plan que quieran seguir, que mejore la forma en que el equipo hace su trabajo en conjunto.

Esta retrospectiva proporcionará un lugar muy seguro para que los miembros del equipo se centren en la adaptación y la introspección. Para que esta reunión sea exitosa, el ambiente debe ser de apoyo y alentará (sin forzar) a todos los miembros del equipo a contribuir lo más posible.

Si bien puede haber algunas cosas negativas que se discuten durante esta reunión, esta retrospectiva debe ser una experiencia que sea energizante y positiva para todo el equipo. Puede ayudar cuando los miembros del equipo compartan sus comentarios, aprendan cómo dejar de lado algunas de sus frustraciones y luego trabajen juntos para encontrar las soluciones correctas.

Si hay algunos facilitadores que vienen con esta reunión, pueden obtener una gran comprensión de cómo el equipo trabaja en conjunto y qué desafíos y éxitos experimentaron en el último sprint. Una buena retrospectiva dará como resultado una lista de mejoras para las cuales los miembros del equipo se apropian y trabajan en sus futuros sprints.

Cómo hacer la primera retrospectiva

Si bien puede ser beneficioso para el equipo determinar su propia retrospectiva y variar un poco el formato, hay ciertos aspectos como el formato general, los asistentes y el tiempo que deben permanecer constantes y consistentes para cada una de estas reuniones para facilitar las cosas.

Primero, vamos a mirar al final. Para el equipo que está trabajando con un sprint de dos semanas, la retrospectiva debe hacerse al final de cada sprint. Para los equipos que hacen esto por un mes o más, entonces necesita tener este tipo de reunión al menos una vez al mes. Durante este tiempo, también es una buena idea involucrar a los miembros de un liderazgo más amplio después de que se implementen las principales iniciativas. Pero tenga cuidado de no concentrar la energía y la atención en lo que se entregó, sino en cómo el equipo pudo hacer las cosas trabajando juntos.

Estas reuniones duran entre 30 y 60 minutos, dependiendo de la duración del sprint y la cantidad que se cubrió durante ese período.

El quien

Todos los miembros que trabajaron en el equipo Scrum deben asistir a esta reunión y puede ser útil traer un facilitador. Este es un individuo que puede ser útil durante la primera reunión para garantizar que todos puedan expresar sus sentimientos sin que surjan problemas. La primera retrospectiva a veces puede ser difícil porque es probable que haya muchos problemas que deben discutirse entre el equipo y esto puede hacer que los ánimos aumenten un poco.

Un facilitador puede ayudar a recordar a todos que este es un lugar para compartir y puede llevarlos a pensar con claridad al crear nuevas soluciones.

Por supuesto, el facilitador puede ser cualquier persona que desee. A veces, el equipo traerá a alguien completamente nuevo, pero a menudo Scrum Master o el propietario del Producto podrán manejar esto. Este individuo puede incluso ser alguien del equipo si lo desea. Durante esta reunión, es posible que también desee atraer a personas del marketing, el equipo de diseño o cualquier otra persona que haya contribuido durante ese sprint en particular.

El qué

Hay diferentes maneras de mezclar esta reunión, pero necesita ir con la que mejor funcione para el equipo en el que está trabajando ahora. A continuación, vamos a tener una plantilla básica que puede utilizar durante esta reunión. Es un buen momento para trabajar durante su primera retrospectiva, pero ciertamente puede cambiarlo y hacerlo funcionar de la manera que mejor funcione para su equipo y el sprint que acaba de completar. La plantilla básica que puede traer a esta reunión incluye:

- Cree una lista corta de todas las cosas que salieron bien y luego haga una segunda lista de lo que se puede mejorar. Puede hacer que todos escriban una lista corta por sí mismos o que saquen el marcador y que escriban sugerencias para estas listas en la pizarra. Haga la lista en cualquier método que desee, siempre y cuando obtenga los comentarios iniciales de todo el equipo.

Asegúrese de que, al final, esté escrito de la manera correcta para asegurarse de que los miembros del equipo puedan consultarlos en el futuro si es necesario.

- Priorice esta lista por importancia: ninguna persona puede hacer esto por sí misma. Asegúrese de que todo el equipo está priorizando esta lista según la forma en que lo deseen. Puede encontrar que hay algunos temas que son comunes, lo que significa que puede agruparlos para ahorrar algo de tiempo.

- Discuta algunas tácticas para ayudar a mejorar los dos elementos principales de la lista de mejora de la habitación. Quiere pasar por esto y centrarse en los resultados, en lugar del pasado, en las personas y en las acciones.

- Cree un plan de acción: al final de esta reunión, el equipo debe tener una idea clara de las ideas viables que desean seguir junto con las fechas de vencimiento, los propietarios claros y más. El equipo debe tener algunas maneras excelentes de abordar las áreas de mejora.

Ser disciplinado como equipo para ejecutar la última opción. Nada es más frustrante que el equipo que trabaja arduamente y luego descubre que cada vez que vuelven a esta reunión, están lidiando con los mismos obstáculos nuevamente. Evite el estancamiento, así como un poco de frustración, asegurándose de que cada miembro del equipo pueda alejarse con una idea clara de los pasos que tomarán. Cada elemento de acción que se identificó al principio debe tener su propio propietario para seguir hasta el final.

Tomarse el tiempo para estandarizar la retrospectiva en la que está trabajando y cualquiera de los que surjan en el futuro es una excelente manera de crear consistencia y generar confianza a través del equipo a lo largo del tiempo.

Pero a veces hay algunos ajustes que un facilitador puede intentar usar que pueden proporcionar más información, alienta a los nuevos miembros del equipo a participar un poco más, o al menos mantiene las reuniones interesantes. Algunas de las formas en que puede mezclar estas reuniones un poco incluyen:

Traer un nuevo facilitador para ayudar

Por lo general, estas reuniones las llevará a cabo el propietario del producto o Scrum Master. Pero puedes encontrar que traer a alguien nuevo para dirigir el siguiente puede ser divertido. Puede encontrar que la dinámica del equipo cambia de manera positiva porque hay alguien que no tiene ningún aspecto en el juego que encabeza la discusión. Además, esta estrategia puede permitir que otra persona que está en la empresa observe cómo funcionan estos equipos y es posible que puedan implementarlos mejor en su propio departamento.

Varíe las indicaciones de la lista

Al final del día, esta reunión tiene como objetivo averiguar qué funciona y qué no entre el equipo. Pero llegar a esto puede volverse aburrido en algún momento. Es posible que desee considerar algunas de estas diferentes indicaciones para facilitar las cosas en la próxima reunión:

- Comience, pare y continúe: durante este, primero puede concentrarse en lo que el equipo puede comenzar a hacer, luego en lo que el equipo debería dejar de hacer y luego en lo que puede hacer el equipo. Sigue haciendo Concéntrese en las formas de descontinuar los elementos que están en la columna de detención.

- Más / menos: con este, primero puede centrarse en lo que el equipo debería hacer más y luego concentrarse en lo que el equipo puede hacer menos. Luego, en función de las respuestas que proporcione el equipo, puede crear un plan que explique cómo abordar los elementos que están en la lista de "hacer menos".

- Alegre, triste, enojado: Ahora puedes hablar sobre lo que primero alegró al equipo, y luego lo que hizo que el equipo se entristeciera, y luego lo que enojó al equipo. Quieres gastar más tu tiempo en lo que hizo al equipo enojado y triste y cómo puedes mejorarlo. Con el tiempo, usted desea ver que esas dos listas bajen mientras que la lista de agradecimientos comienza a subir.

Cambiar las indicaciones de la lista puede ayudar mucho a garantizar que todos hablen sobre lo que está sucediendo con el equipo y pongan a todos en la misma página cuando haya terminado. Asegúrese de mezclarlo de vez en cuando o al menos encuentre un método que parezca funcionar mejor para su equipo.

77

Involucrar al liderazgo un poco más

Una vez que se haya completado un gran proyecto y se haya implementado, puede ser una buena idea programar una hora con alguien que esté en el equipo de liderazgo y luego concentrarse en las diferentes formas en que el equipo trabajó en conjunto. Desea asegurarse de que el liderazgo de la empresa esté de su lado durante este proceso y que ellos también sepan lo que está sucediendo.

Es posible que pronto les guste lo que escuchan y quieran implementar este mismo proceso en otras partes de la compañía después de ver qué tan bien funciona. Manteniéndolos en el bucle y hasta la fecha, lo que está sucediendo puede ser la mejor manera de hacer que esto suceda.

En la mayoría de los casos, debe hacer esta retrospectiva al final de su sprint. Dado que la mayoría de los sprints durarán aproximadamente dos semanas, esto garantiza que el equipo se reúna y discuta los cambios que se necesitan de manera regular. Si realiza un sprint más largo, tendrá que decidir con qué frecuencia debe ocurrir esto. Si el sprint es de tres a cuatro semanas, es probable que esté bien esperar hasta el final del sprint para hacer la reunión, especialmente si solo hace sprints durante un breve período de tiempo. Pero si el sprint es más largo, puede ser una mejor idea hacer algunos de estos para garantizar que cualquier problema se resuelva de inmediato y se solucione antes de que se conviertan en problemas importantes en el futuro.

Hay muchos beneficios cuando se trata de hacer esta reunión retrospectiva. A veces es uno en el que los equipos querrán desangrarse junto con la revisión o incluso uno que solo quieran saltarse a favor de realizar otro trabajo, pero es importante dedicar tiempo a esta parte, como lo hace con cualquiera de Las otras reuniones durante el sprint.

Dedicar tiempo a esta reunión asegurará que el equipo pueda trabajar bien en el futuro. Ayuda a todos los miembros del equipo a analizar lo que creen que fue bien con su proyecto, lo que creen que puede necesitar algunas mejoras y más. El equipo puede tomar esta información y usarla para ayudarles a tomar decisiones en el futuro. En general, si esta reunión se maneja adecuadamente, puede facilitar que el equipo aprenda cómo trabajar juntos de manera efectiva y ver los mejores resultados.

Capítulo 12

Cómo usar los gráficos de quemadura en Scrum

———————— ◆ ————————

Un gráfico de quema mostrará cuánto trabajo ha podido completar el equipo durante una épica o un sprint, junto con la cantidad total de trabajo que aún debe reducirse. Estas tablas de quemado se usan luego para ayudar a predecir la probabilidad de que el equipo realmente pueda terminar el trabajo según la línea de tiempo que asignaron para el sprint. Este gráfico también es una excelente manera de garantizar que no se inicie ningún avance en el alcance del proyecto.

Estos gráficos de quemado son muy útiles porque pueden proporcionar mucha información sobre cómo funciona el equipo en conjunto. Por ejemplo:

- Si comienza a notar que el equipo está terminando su trabajo constantemente antes del sprint, esto puede ser una señal de que no están tomando suficiente trabajo durante su sesión de planificación del sprint.

- Si omiten constantemente su pronóstico y no pueden hacer el trabajo comprometido a tiempo, esto es a menudo una señal de que su equipo está realizando demasiado trabajo durante cada sprint.

- Si observa la tabla de quema y observa que hay una gran caída durante el sprint, esto es una señal de que los elementos o el trabajo no se estiman correctamente o no se desglosan de la manera adecuada.

Una de las primeras cosas que debe hacer cuando trabaje en sus gráficos de quema es configurar una estadística de estimación.

Esta es una unidad de medida que su equipo usará para ayúdarlos a medir y estimar el trabajo que se necesita hacer. Con la mayoría del software Scrum, puede medir el trabajo con la ayuda de horas, puntos de historia o puede elegir sus propias estadísticas para colocar en este lugar.

Esta estadística de estimación puede ser muy importante porque se usa para ayudar a calcular la velocidad del equipo. Durante cada uno de los sprints en los que trabajas, la velocidad será la suma de tus estadísticas de estimación para todas las historias completadas. Si su equipo sigue siendo bastante consistente con su velocidad, se vuelve infinitamente más fácil determinar la cantidad de trabajo que pueden manejar durante cada sprint y esto puede ser muy útil cuando se trabaja en la planificación de sprint.

Establecer la estadística de estimación es bastante fácil. Debe navegar hasta el tablero o la acumulación y luego seleccionar más y luego configurar el tablero. Desde aquí, debe hacer clic en la pestaña Estimación. Ahora estamos en la pregunta, ¿qué estadística de estimación debemos usar? Tradicionalmente, los equipos de software van a estimar su trabajo en función del formato de tiempo, basándose en días, semanas y meses. Sin embargo, hay muchos equipos que usan ágil que se han trasladado a los puntos de la historia. Si no está seguro de cuál usar y está usando el sistema ágil, es mejor quedarse con los puntos de la historia.

Ahora es el momento de estimar sus problemas. En ágil, la estimación se referirá a la medición del tamaño del trabajo atrasado del equipo o la cantidad de trabajo que el equipo necesita completar.

El seguimiento B se referirá al uso de esas estimaciones para garantizar que el trabajo pueda realizarse a tiempo. Para ayudarlo a establecer una estimación para uno de sus problemas, primero debe estar dentro de su proyecto Scrum. Desde allí, puede seleccionar un problema ya sea a través de la acumulación o en el tablero. En los detalles del problema, deseará hacer clic en el campo Estimar. Luego ingrese la estimación que desea utilizar para ese problema.

Es posible realizar una estimación y cambiarla una vez que la haya ingresado en el sistema, pero recuerde que si cambia este valor una vez que el sprint ha comenzado oficialmente, se mostrará como un cambio de alcance en su gráfico de quema. Si encuentra que es difícil estimar algunos de los problemas, esto es normal, ¡así que no se preocupe! Solo trate de hacer lo mejor posible y discutir las mejores estimaciones posibles con su equipo.

A continuación, puede trabajar en el seguimiento del progreso de su equipo con un gráfico de quema. Este es un informe que mostrará el trabajo que el equipo ha podido hacer en el sprint y lo hablamos un poco antes. Esto es definitivamente algo a lo que debes prestar atención.

Tener esta información hace que sea mucho más fácil para usted tomar decisiones acertadas sobre futuros sprints y puede garantizar que el trabajo para ese sprint actual se realice a tiempo. En cualquier momento que desee ver el gráfico de quemado de ese proyecto, simplemente necesita seguir los siguientes pasos para ponerlo en marcha:

Navega hacia tu proyecto Scrum actual.

- Seleccione el Backlog o Active Sprint
- Haga clic en Informes. Desde allí deberías poder hacer clic en Burndown Chart.

Hay algunas partes diferentes que estarán presentes en este cuadro. Primero, está la estadística de estimación. Este es el eje vertical que le mostrará una estimación de cualquier estadística que hayas seleccionado y quieras ver. Luego están los valores restantes. Esta es una línea roja en la tabla que puede mostrar la cantidad total de trabajo que queda dentro de ese sprint en particular de acuerdo con las estimaciones que da su equipo.

Y la tercera parte de un gráfico de quema tradicional es la guía. Esta va a ser una línea gris que muestra una buena aproximación de dónde debería estar el equipo, con el supuesto de que se está produciendo una progresión lineal. Si ve que la línea roja está debajo de esta línea gris, esto es una señal de que el equipo está bien encaminado para realizar todo el trabajo antes de que termine el sprint. Sin embargo, esto no es infalible y si sabes que una parte tardará un poco más que otras, podría estar perfectamente bien si la línea roja va por encima de la gris por un poco.

También podemos trabajar con un gráfico de quema épica en este marco. Este tipo de tabla es un informe que le mostrará cómo avanza su equipo en contra del trabajo para una epopeya. Éste ha tenido optimización para los equipos Scrum que trabajan en sprints y pueden hacer que el proceso de seguimiento sea mucho más fácil. Algunas de las formas en que puede usar este tipo de tabla de reducción incluyen:

- Para obtener la rapidez con la que el equipo puede trabajar a través de la épica.

- Vea cómo se ha agregado y eliminado el trabajo en general a lo largo de ese camino.

- Predice el número de sprints que se necesitan para completar el trabajo para esa epopeya. Esto se basará en algunos sprints anteriores y en los cambios que puedan surgir durante el sprint.

Encontrar el cuadro de quema épica es bastante fácil de trabajar. Solo necesitas navegar a la página principal de tu proyecto Scrum y luego seleccionar Active Sprint o Backlog. Haga clic en Informes y luego en Epic Burndown. Desde aquí, seleccionará una epopeya que desea usar del cuadro desplegable. Puede elegir cualquiera de las épicas que están en los proyectos y que están configuradas en la pizarra usando el filtro. Hay algunas partes principales que debe comprender cuando se trata de usar un cuadro de reducción épica y éstas incluyen:

- El menú épico: esto te ayudará a seleccionar para cuál de las épicas quieres ver los datos.

- Trabajo agregado: Este será el segmento azul más oscuro que muestra la cantidad de trabajo que se agrega al sprint durante cada uno de los sprints. A menudo esto se hace en los puntos de la historia, pero puede usar otra opción de medición si lo desea.

- Trabajo restante: Este será el segmento azul más claro que muestra cuánto trabajo queda en la épica.

- Trabajo completado: este es el segmento verde de la tabla que te mostrará cuánto trabajo se completó para esa epopeya durante cada uno de los sprints que realiza el equipo.

- Finalización proyectada: este es el informe que va a proyectar cuántos sprints cree el equipo que tomará para completar la épica. Este número debe basarse en la velocidad actual del equipo para asegurarse de que sea preciso.

Estos son los dos tipos principales de gráficos de burndown con los que puede trabajar. Puede encontrar que trabajar con el gráfico de reducción de la versión también puede ser bueno. A muchos equipos les gusta agregar esto a su plan para asegurarse de que están en el buen camino para hacer las cosas.

Se basará en los elementos que debe hacer el equipo, la cantidad en la que están trabajando actualmente y la cantidad que han completado. Y se puede actualizar para cada sprint para asegurarse de que todos estén en la misma página en todo momento. Los miembros del equipo siempre pueden echar un vistazo a la tabla de quema para averiguar dónde están durante el sprint y cuánto queda por hacer con ese sprint. Asegúrese de implementar esto en su proyecto Scrum y haga que los miembros del equipo adquieran el hábito de usar esta forma de herramienta de seguimiento para asegurarse de que estén siempre en la misma página y realizar todo el trabajo durante cada uno de los sprints.

Capítulo 13

El importante papel del Scrum Master

———————— ◆ ————————

Uno de los roles importantes que debemos analizar un poco en esta guía es el de Scrum Master. Este individuo es un líder de servicio para el Equipo Scrum. Son responsables de la promoción y soporte de Scrum. Pueden hacer esto ayudando a todos en el equipo a comprender qué es Scrum, las prácticas, las reglas y los valores.

Básicamente, son los facilitadores de Scrum, un marco ligero y ágil que se centrará en iteraciones de caja de tiempo que se conocen como sprints. Como facilitadores, estos maestros serán similares a los entrenadores para el resto del equipo. Están comprometidos con los fundamentos básicos de Scrum, pero seguirán siendo flexibles y abiertos a las oportunidades para que todo su equipo se desempeñe bien y mejore el flujo de trabajo.

En un mundo ideal, el equipo puede gestionar sus propios procesos y sus propias herramientas. Sin embargo, hay muchos equipos que dan el gran salto al sistema Agile y luego confían en Scrum Master como propietario de este proceso. A veces, tomará algún tiempo antes de que la autoridad y la responsabilidad comiencen a difundirse hacia el equipo, y mientras tanto, está bien dejar que el Scrum Master sea un tipo de líder, siempre que no reste importancia a la El trabajo duro que hace el equipo.

Hay algunas responsabilidades que Scrum Master debe seguir de acuerdo con la Guía oficial de Scrum. Algunos de los más comunes (aunque ciertamente no son una lista exhaustiva) incluyen:

- Standups: Scrum Master facilitará los standups diarios para el diario scrum, en cualquier momento que sea necesario.

- Reuniones de planificación de iteración / carrera: Estar allí durante las reuniones y veremos los diferentes objetivos del equipo. No están ahí para dictar exactamente lo que sucede, pero pueden estar atentos a lo que no se produce un alcance o un exceso de compromiso para que la tarea pueda completarse. También podemos ayudar en algunas de las actividades para los sprints y en la creación de sub-tareas.

- Revisión de Sprint: Van a pasar un tiempo participando en las revisiones de Sprint realizadas. También se pueden capturar algunos de los comentarios en el caso de que haya preguntas más adelante.

- Retrospectivas: estas son tan importantes cuando se trata de terminar un proyecto y Scrum Master puede asistir y brindar una visión valiosa también. Examinar algunas áreas para mejorar y anotar cualquier elemento de acción que deba incluirse en futuros sprints.

- Administración de la Junta: Scrum Master puede trabajar como administrador de la junta scrum. Esto significa que las tarjetas están siempre actualizadas y que la herramienta scrum, el software Jira, esté funcionando como debería.

- Uno a uno: hay momentos en que el Scrum Master puede necesitar reunirse con algunos de los miembros del equipo individualmente. Esto se puede utilizar para tratar cualquier desacuerdo dentro del equipo sobre los estilos y procesos de trabajo. Si bien esto es algo que algunos equipos deciden asombrar porque creen que esto les quitará la mentalidad de equipo, a veces esta es una forma preferible de lidiar con los problemas.

- Consultoría interna: Scrum Masters debe estar preparado para realizar cualquier consulta con los miembros del equipo, así como con otras partes interesadas internas sobre los mejores métodos para trabajar con el equipo de scrum.

- Informes: un análisis regular de los gráficos de quemado y otras herramientas de planificación puede ser útil para que Scrum Master se ayude a informar lo que ha sucedido con el equipo durante cada sprint.

- Bloqueadores: esta persona puede ayudar al equipo al deshacerse de cualquier tipo de bloqueadores externos, así como a administrar obstáculos internos mediante un proceso o mejoras en el flujo de trabajo. Esto garantiza que no haya muchas regulaciones innecesarias, ruidos y distracciones que impidan al equipo realizar su trabajo.

- Trabajo ocupado: si hay alguna razón por la que el equipo no está haciendo las cosas y siendo productivo, entonces este es un problema que Scrum Master necesita solucionar. Esto podría ser cosas como ajustar el termostato, mover los escritorios, arreglar las computadoras cuando están rotas, encontrar maneras de deshacerse de las distracciones y mucho más.

Como Scrum Master, el individuo debe sentirse cómodo haciendo cualquier cosa que necesite para asegurarse de que su equipo pueda concentrarse y hacer su trabajo.

La siguiente pregunta es si un equipo realmente necesita trabajar con un Scrum Master. Esto va a depender de su equipo y de su proceso.

Muchos equipos descubren que cuando comienzan, es realmente útil tener a alguien en el rol que haya trabajado con Scrum antes y puede ayudar a dirigir y dirigir al equipo sobre cómo pueden hacer las cosas. Más adelante, el equipo puede decidir que tiene suficiente confianza para hacer el trabajo por su cuenta. Es por eso que muchas veces, Scrum Master será contratado más como consultor, en lugar de como empleado de tiempo completo.

Por supuesto, cada equipo de Scrum será un poco diferente. A veces, un equipo más experimentado es capaz de manejar las responsabilidades que esta persona tomaría por su cuenta y solo compartirán el rol de administración y liderazgo. Otros encuentran que tener una persona dedicada para hacer este trabajo les funciona mejor cuando se trata de hacerlo.

Si decides agregar un Scrum Master, asegúrate de que sea una persona dedicada que conozca Scrum y que tenga esto como su trabajo principal. A veces hay una mala interpretación del rol de Scrum Masters y un gerente existente puede pensar que es su rol. Si un gerente está dispuesto a pasar por la capacitación y aprender a usar este Marco, está bien que tomen esta posición.

Pero no deben moverse automáticamente a esa posición simplemente porque administran un equipo en particular en el pasado o por el departamento que administran en ese momento.

Un Scrum Master puede ser una gran adición para el equipo.

Si bien puede decidir dejar que el equipo haga el trabajo e informar al propietario del producto, puede ser realmente útil tratar con un Scrum Master para facilitar las cosas.Estas personas están ahí para mantener al equipo en orden, para responder preguntas, para mantener el flujo de trabajo y para ayudar a compartir su experiencia con el proceso Scrum a un equipo que puede no tener ningún conocimiento al respecto.

Capítulo 14

El Flujo del Marco Scrum

———•◆•———

Si bien el Scrum Framework está pensado para facilitar las cosas y garantizar que todos tengan un trabajo que hacer y que estén en la misma página cuando lo inicie por primera vez, hay muchas cosas diferentes y puede ser difícil para el equipo. miembros para realizar un seguimiento de todo.

Incluso algunos de los términos, al principio, pueden ser abrumadores. Lo importante que debe recordar y que puede ayudarlo a mantener las cosas en línea cuando comience, es que todos los Proyectos Scrum tienen cinco actividades esenciales que pueden garantizar que el proceso de desarrollo de su producto vaya bien.

Ser capaz de utilizar cada uno de estos procesos mejorará el rendimiento del proceso e incluso puede ayudar a su equipo a ser más eficiente desde el principio hasta el final del proyecto.

Estos cinco pasos a menudo se denominan Flujo del Proceso Scrum. Las cinco partes que necesita para completar el flujo del proceso de scrum incluyen:

Sprint

Esto es usado por el equipo de scrum. Un sprint es un período corto de desarrollo en el que el equipo creará la funcionalidad del producto. Estos sprints nunca durarán mucho tiempo, a menudo entre una y cuatro semanas, dependiendo de los objetivos que intenta alcanzar. A veces puede hacer el proceso en un día. Estos sprints tendrán un ciclo de desarrollo corto y nunca debes dejar que se demoren más de 4 semanas.

El valor económico planificado se determinará en función de la duración del sprint, por lo que si se demora más de lo que se pensó originalmente, eso significa más dinero gastado.

Planificación de sprint

Al comienzo de un sprint, el equipo de scrum necesita reunirse y tener una reunión. Esta es la reunión en la que el equipo decidirá y luego se comprometerá con su objetivo para ese sprint. El propietario del producto también debe estar allí, presentando el trabajo acumulado del producto, explicando las tareas y discutiendo con el equipo las tareas en las que les gustaría trabajar.

Durante esta sesión de planificación, el equipo debe averiguar qué requisitos utilizará para ayudarlos a cumplir el objetivo y qué necesitará durante el sprint. El equipo puede identificar las tareas individuales que realizará para alcanzar sus objetivos.

Scrum diario

Además de la reunión de planificación de scrum de la que hemos hablado anteriormente, también es importante que el equipo se reúna regularmente para analizar los objetivos, verificar qué se ha hecho y más. La reunión debe realizarse todos los días durante unos quince minutos y debe incluir Scrum Master junto con Scrum Team. Durante esta reunión, el equipo debe dedicar tiempo a coordinar sus prioridades. Hablarán sobre lo que se debe hacer primero durante el día, lo que se hizo el día anterior y cualquiera de los obstáculos que se encontraron cuando están trabajando ese día.

Esta es una parte muy importante de Scrum Framework. Algunos pueden preocuparse de que esto va a ser una pérdida de tiempo, pero en realidad, va a hacer una gran diferencia en la eficacia del equipo en general. Puede ayudar a simplificar el proceso y evitar que surjan problemas para los que el equipo no está realmente preparado.

Revisión de Sprint

Esta es una reunión que el propietario del producto deberá presentar. También ocurrirá al final de cada sprint. Durante esta reunión, el equipo de scrum mostrará la funcionalidad del producto de trabajo que pudo completar durante el sprint anterior. El equipo está diseñado para mostrar todo el trabajo que pudieron completar durante ese sprint, y si todo salió bien, deberían tener algo que mostrar al propietario del producto. El producto no tiene que estar completamente hecho, pero tiene que estar en un buen momento para probar y mostrar.

Durante esta reunión, el propietario del producto va a determinar si se ha cubierto o no todo el atraso de Sprint. En la mayoría de los casos, si el equipo hizo el trabajo que se suponía que debía hacer, el propietario del producto firmará el trabajo y les permitirá trabajar en el próximo sprint. Sin embargo, si el equipo no hizo el trabajo bien, es posible que algo se pueda volver a colocar en el registro para que se corrija antes de continuar.

Sprint retrospectiva

De manera similar a lo que sucede con la revisión del sprint, el equipo debe hacer una retrospectiva del sprint antes de pasar al siguiente paso. Este no va a ser dirigido por el propietario del producto, sino que debe hacerlo el equipo y el maestro del producto también puede estar allí.

Durante este tiempo, el equipo debe discutir el último sprint. Pueden discutir qué fue lo que salió bien, qué les gustaría que cambiara y las mejores maneras de hacer esos cambios. Y si hay algún problema con el trabajo conjunto eficiente del equipo, también pueden discutir formas de solucionarlo. Es importante que todos hablen sobre cualquier problema que hayan experimentado. Si no lo hace desde el principio, se pueden producir más problemas en el futuro, lo que puede ser perjudicial para la forma en que el proyecto funcionará más adelante.

Todos estos pasos son importantes y todos deben suceder durante cada uno de los sprints que se producen con su proyecto. Le ayudan a saber qué pasos y tareas deben completarse, le ayudan a revisar lo que está sucediendo cada día y en qué debería trabajar a continuación, pueden garantizar que vea resultados al final del sprint y pueden garantizar que Los siguientes sprints funcionan bien. Asegúrese de que su equipo esté al tanto de estos diferentes pasos y de que se sigan cada paso durante cada carrera para mejorar la eficiencia, para mantener a todos en la misma página y para asegurar que se realice el trabajo.

Capítulo 15

Las diferentes etapas de un sprint exitoso

———— ◆ ————

Reunir a un grupo de personas para que puedan realizar una tarea tan complicada como Scrum puede ser difícil. Es necesario asegurarse de que todos trabajen siempre hacia un objetivo común y requerirá un proceso específico que se conoce como el Proceso de Desarrollo del Grupo.

Este proceso es un programa de cinco pasos que puede implementarse para ayudar a su equipo a tener el mayor éxito posible. Las primeras cuatro etapas de las que hablaremos, conocidas como formación, tormenta, normalización y ejecución, fueron desarrolladas en 1965 por Bruce Tuckman. De acuerdo con Tuckman, estas fueron las etapas que fueron necesarias para que el equipo de Scrum crezca y el uso de este tipo de proceso puede hacer que sea más fácil para el equipo enfrentar los desafíos, abordar cualquier problema que surja, planificar el trabajo, encontrar soluciones y brindar Los mejores resultados que puedan.

Más tarde, Tuckman decidió agregar en la quinta etapa conocida como "Levantamiento de la sesión". Y cuando se trata del desarrollo de software Agile, muchos equipos van a mostrar un comportamiento que se conoce como enjambre. Esta es una actuación en la que el equipo se reúne, colabora y luego concentra su energía en resolver un problema singular.

Cuando utiliza este Proceso de Desarrollo de Grupo, puede llevar a un equipo maduro y eficiente.

Es necesario recordar que a veces un proceso como este le llevará algún tiempo. Un problema que puede surgir con esto es que muchas empresas desean ver resultados inmediatos y quieren saltar directamente a una tarea, sin pensar en ello creación de equipos o algunas de las otras cosas que pueden hacer que el equipo sea más eficiente. Cuando utiliza este proceso de desarrollo, se producen algunos impactos positivos y puede garantizar un mejor éxito.

Estas cinco etapas pueden ser importantes para garantizar que sus sprints siempre sean exitosos, sin importar en qué esté trabajando el equipo. Las cinco etapas en las que su equipo necesita enfocarse incluyen:

Etapa de Formación

Es muy importante que el equipo comience lo más exitosamente posible. Esta etapa será buena para que los miembros del equipo se conozcan entre sí. Deben descubrir qué tienen en común, qué tienen como diferencias y cómo pueden aprender unos de otros. Este es un buen momento para que el equipo se conecte en las formas necesarias para que trabajen juntos de manera eficiente y sin problemas.

Si omite este paso, es difícil para el equipo avanzar en algunos de los otros pasos de este proceso. Desea que su equipo se conecte entre sí y esté listo para trabajar juntos tanto como sea posible.

Una buena manera de asegurarse de que los miembros de su equipo puedan conectarse entre sí durante esta etapa de formación es hacer un divertido rompehielos. Puedes hacer esto tan simple o tan complejo como quieras.

Puede hacer que compartan información personal, hacer un juego divertido o cualquier otra cosa que crea que ayudará a los miembros del equipo a conocerse mejor, especialmente si nunca han trabajado juntos antes.

Además, esta es la etapa en la que los miembros del equipo buscarán más orientación y orientación en un líder de grupo. Los miembros están buscando la aceptación en el grupo y quieren que ese grupo se sienta como si estuvieran en un espacio seguro. Quieren mantener las cosas simples, sin controversia, lo que significa que se evitarán muchos sentimientos y temas serios en este momento. Simplemente permítales que se conozcan y tenga un líder del equipo presente para ayudar a dirigir el grupo y mantener todo en orden, pero algunos de los problemas más profundos pueden aparecer un poco más adelante.

Etapa de asalto

La siguiente etapa será la etapa de asalto. Esta es la etapa en la que pueden ocurrir muchos conflictos, así como la competencia. El miedo a la exposición y el miedo al fracaso pueden aparecer aquí. Los miembros van a cuestionar cuál de ellos es el responsable, quién será responsable de cada parte, cuáles son las reglas y cuáles serán los criterios para cualquier evaluación, e incluso el sistema de recompensas que existe. .

Hay ocasiones en las que verá algunos cambios de comportamiento en las actitudes basadas en la competencia y los problemas que presenta. Algunos miembros del equipo pueden aliarse, especialmente si se conocían antes de este proceso.

Algunos miembros pueden comenzar a sentirse más cómodos hablando frente a otros y luego algunos miembros quieren permanecer en silencio. Si esto no se maneja adecuadamente, es posible que su equipo de Scrum comience a dividirse y deje de actuar como un equipo, lo que puede ser perjudicial para el éxito que desea.

La mejor manera de resolver cualquier conflicto que surja es a través de un enfoque basado en la colaboración y la resolución de problemas. Esta es la única forma en que su equipo se unirá y comenzará a trabajar juntos. La única razón por la que decide omitir esta prueba es si el equipo que eligió para el Scrum Framework se ha establecido y ha trabajado en conjunto por algún tiempo. Lo más probable es que estén familiarizados con el estilo de trabajo de todos los miembros y puede pasar al siguiente paso para ahorrar tiempo.

Etapa de normalización

Ahora es el momento de hablar de la etapa de normalización. Esta es la etapa que trata de la cohesión dentro del grupo. Es importante que cada miembro reconozca las contribuciones de cada uno, el desarrollo de la comunidad de cada miembro y su intento de resolver cualquier problema de grupo. Los miembros del equipo deben estar dispuestos a cambiar sus opiniones e ideas previas cuando ven hechos de otros miembros del equipo. Esto tiene que ir junto con hacer preguntas unos a otros.

Durante esta etapa, el equipo debe darse cuenta de que el liderazgo se compartirá entre todos y que no hay necesidad de camarillas ni de un líder oficial.

Hacer que todos los miembros se conozcan y aprender a identificarse entre ellos puede ser tan importante para fortalecer la confianza y esto ayuda al equipo a crecer y ser más eficientes.

Durante el proceso de Scrum, debes asegurarte de que el equipo pueda trabajar juntos bastante bien. Quieres que trabajen juntos, tomen el liderazgo para el trabajo que quieren hacer, intercambien ideas, compartan el trabajo y mucho más. Esta es la etapa en la que se asegura de que el equipo esté configurado con todas las herramientas que necesitan para hacerlo.

Etapa de Actuación

Esta es una etapa que puede ser difícil de alcanzar para algunos grupos. Pero si su equipo puede llegar a este punto, significa que están muy unidos y confían el uno en el otro y están listos para realizar las tareas de Scrum de manera eficiente. Los miembros del equipo en esta etapa pueden trabajar en el proyecto en cuestión, ya sea por cuenta propia, en subgrupos o en general, y ser productivos en partes iguales. Las personas del equipo pueden cambiar sus roles y hacer los ajustes que necesiten en función de lo que el equipo debe haber hecho. La lealtad y la moral del grupo es alta y pueden funcionar bien para realizar cualquier proyecto que sea necesario.

Etapa de levantamiento

Recuerde al principio que hablamos sobre cómo esta etapa no era realmente parte del proceso original y que en realidad se agregó un poco más tarde. Pero el hecho de que se haya agregado más tarde no significa que no sea un paso que deba tener allí. Cuando su equipo llegue a este punto, es probable que el equipo haya cumplido con la visión del proyecto. Mientras que los aspectos técnicos de las cosas se completan, el equipo necesita pasar y verificar las cosas en un nivel más personal antes de continuar.

El equipo necesita tomarse este tiempo para reflexionar sobre qué tan bien pudieron trabajar juntos como un equipo y hablar honestamente sobre las mejoras que podrían hacer juntos. El equipo también puede trabajar aquí para reconocer los logros alcanzados, en grupo o individualmente. El equipo pasó mucho tiempo trabajando juntos en un proyecto intenso y esta vez puede ayudarlos a concluir el proceso, tanto a nivel técnico como a nivel personal, y pueden ayudar a todos a sentir que terminaron sin ningún tipo de ataduras. arriba.

A veces, es difícil para un equipo seguir todas estas etapas. Es posible que tengas a alguien en el equipo que es realmente terco y hay ocasiones en que ciertos tipos de personas simplemente no trabajan bien juntos. Para garantizar que el equipo que está implementando Scrum pueda alcanzar su mejor potencial, todos deben ser lo suficientemente flexibles para aceptar cuándo es el momento de pedir ayuda. La buena noticia es que hay algunos pasos que el grupo puede tomar para ayudarlos a desarrollarse adecuadamente a través de todas las diferentes etapas, que incluyen:

1. El grupo debe asegurarse de que están cambiando la responsabilidad del facilitador del grupo. Si una persona comienza a tomar el liderazgo todo el tiempo, puede desviar la dinámica de lo que quiere con el equipo y puede hacer que surjan problemas con la competencia y que aparezcan más. Todos en el equipo deben tener la oportunidad de ser los responsables. Esto ayuda a asegurar que todos se sientan iguales e incluidos.

2. La misión y el propósito del grupo deben ser claros para todos en el equipo. Y la misión debe ser algo que todos miren a menudo, en caso de que alguien se olvide o las cosas empiecen a cambiar por alguna razón....

   Es posible que a medida que avanza el proceso, la misión vaya a cambiar en función de cómo vaya el sprint e incluso en función de los comentarios que un cliente proporciona. Mantener la declaración actualizada puede garantizar que todos los miembros del equipo puedan mantenerse en la tarea.

3. Las reglas son importantes para el equipo y usted debe establecerlas temprano y luego monitorearlas durante todo el

proceso. Tener estas reglas puede parecer innecesario, pero ayuda a todos los miembros del equipo a saber dónde están las cosas y qué deberían hacer si una regla está en cuestión o se rompe durante un sprint.

4. El grupo debe recordar que el conflicto puede ser en realidad algo muy positivo y en realidad es muy normal. En algunos casos, puede ser necesario ayudar al equipo a desarrollarse. Un miembro puede ir en contra de otro cuando se trata de completar una tarea.

   Dado que estos dos miembros no están de acuerdo, pueden encontrar un tercer método que sea más eficiente para completar la tarea. Deben estar dispuestos a trabajar juntos y no solo quedar atrapados en una pelea, pero un poco de conflicto nunca es algo malo.

5. El grupo debe recordar que escuchar puede ser tan importante como hablar. Tener una persona que solo habla por encima de todos los demás miembros nunca es productivo y con frecuencia puede hacer que el grupo se sienta molesto o resentido. Si todos recuerdan que deben tomarse el tiempo para escuchar, entonces les permite a los demás tener la oportunidad de hablar también.

6. Cada sesión con el equipo debe terminar con algunas críticas constructivas y nunca con consejos ásperos. Es importante elevarse mutuamente y ser útiles unos con otros, en lugar de tratar de abatir a los demás.

7. Todos deben ser parte de hacer el trabajo. Ninguna persona debe terminar haciendo todo el trabajo. Esto hace que esa persona esté resentida por hacer el trabajo y no hay manera de que puedan hacer las cosas a tiempo por su cuenta. Además, los otros miembros del equipo nunca sentirán orgullo por el trabajo que están realizando. Cada persona en el equipo debe estar dispuesto a tirar de su propio peso. Si uno se niega a hacerlo, entonces puede ser el momento de considerar reestructurar un poco el equipo.

El equipo de Scrum es una parte integral de todo el proceso. Sí, hay algunas otras personas que están allí para ayudar a mantener las cosas organizadas, para establecer las reglas y para asegurarse de que se hagan las cosas.

Pero el equipo es la parte principal que realmente hace el trabajo y hace avanzar el proceso de desarrollo del producto. Asegurarse de que puedan trabajar bien juntos y superar cada uno de sus sprints con éxito puede ser de gran ayuda para el éxito de este marco.

Capítulo 16

Cómo escalar Scrum

———◆———

Scrum fue un marco que se introdujo originalmente como un método que solo debería usarse para algunos proyectos más pequeños. Muchos creyeron durante mucho tiempo que solo era bueno para estos proyectos más pequeños, sin darse cuenta de que era posible tomar este marco y escalarlo a algunos proyectos más grandes también. Entonces, ¿cómo puedes incluso tomar este marco y escalarlo? ¿Es realmente posible? Este capítulo analizará cómo puede considerar escalar Scrum para que funcione en cualquier tamaño del proyecto que desee.

Idealmente, su equipo de Scrum se quedará entre seis y diez miembros. Sin embargo, si se encuentra con un problema en el que necesita más de diez personas, esto todavía es posible con este marco. Usted formaría más de un equipo, en lugar de unirlos a todos cuando los miembros lleguen a más de diez. Hacer esto puede ser una gran opción cuando se trata de proyectos más grandes, pero encontrará que todavía requiere mucha comunicación y sincronización abiertas porque los diferentes equipos necesitan trabajar juntos, así como en su propio grupo.

Cuando separa a sus miembros en diferentes equipos, cada uno tendrá un trabajo que hacer. Cada equipo debe elegir a su propio representante, que es el responsable de reunirse con los otros representantes. Estas personas se actualizarán mutuamente sobre el progreso que están logrando, los diferentes desafíos que enfrentan y luego harán planes para coordinar sus actividades.

La frecuencia con que se realicen estas reuniones dependerá del tamaño del proyecto, qué tan complejo será este proyecto en particular, qué tan dependientes son los diferentes equipos entre sí y las recomendaciones que brinda el Cuerpo de Orientación de Scrum.

Si terminas en una situación en la que necesitas dividir a tus grupos en diferentes equipos y ellos necesitan representantes que se reúnan y discutan qué está haciendo cada grupo, es posible que te preguntes cómo lograrías que estas reuniones funcionen exactamente. Se recomienda que los equipos tengan comunicación cara a cara, lo que significa que se reúnen en la misma sala, si es posible. Ahora, hay momentos en que esto no es posible.

Si su empresa es grande y sus dos equipos trabajan en diferentes partes del país y en diferentes zonas horarias, esto puede ser bastante difícil. Estos representantes deben reunirse con bastante frecuencia y, si están alejados entre sí, no tiene sentido el tiempo y el dinero para que se reúnan de esta manera. Si este es un problema para sus equipos, trabajar con videoconferencias y redes sociales también puede funcionar bien.

Durante estas reuniones, Chief Scrum Master ejecutará el espectáculo y esta persona contará con la asistencia de los representantes de cada equipo, incluido Scrum Master para los equipos individuales. Para los proyectos que son realmente grandes y que tienen una tonelada de equipos diferentes, es posible que deba tener muchas de estas reuniones.

Y debido a que es difícil para usted reunir a todos al mismo tiempo en algunos casos, es importante que todos los asuntos que son críticos se discutan al comienzo de cualquier reunión que tenga lugar.

Sin embargo, antes de que tenga lugar la reunión, el Chief Scrum Master debe anunciar la agenda y luego enviarla a cada uno de los equipos individuales. Estos equipos deben tomarse el tiempo para revisar la agenda. Esto les ayuda a tener una buena idea de lo que se va a discutir en la próxima reunión y luego también pueden pensar en qué otros temas se deben discutir en esta reunión. Si hay riesgos, cambios y problemas que podrían afectar a cualquiera de los otros equipos, entonces esto debe ser mencionado y discutido durante esa reunión.

Recuerde que incluso si hay un problema al que se enfrenta un equipo en particular en esto, entonces es necesario plantearlo. A menudo, un problema que parece estar localizado y parece que solo está afectando a un equipo puede terminar dañando a muchos de los otros equipos también si no se menciona. Plantearlo con anticipación puede garantizar que el problema no se propague a los otros equipos e incluso si no afecta a los otros equipos, aún pueden brindar asesoramiento al equipo individual para ayudarlos a superar el desafío.

Durante estas reuniones, los representantes individuales de cada equipo deben tomarse el tiempo para proporcionar una actualización a los otros equipos. Cuando hablan, hay cuatro pautas que pueden seguir para asegurarse de que cubren todo lo importante, sin perder mucho tiempo en el camino.

Las cuatro pautas que se deben seguir al proporcionar una actualización incluyen:

- ¿Qué trabajo ha hecho mi equipo desde la última vez que hablamos?

- ¿En qué trabajará mi equipo hasta la próxima reunión?

- ¿Hay algo que queda sin terminar que los otros equipos esperaban que se hiciera?

- ¿Afectará lo que estamos haciendo a los otros equipos?

Esto proporciona un buen resumen de las cosas en las que está trabajando su equipo, lo que va a hacer a continuación y más. Esto ayuda a los otros equipos a ver dónde está el progreso también. Tome algunas buenas notas mientras escucha a los otros equipos durante este proceso también. Es posible que pueda obtener algunas ideas y consejos que también pueden facilitar el trabajo de su lado.

La regla más importante que viene con estas reuniones es que debe asegurarse de que se produzca una gran coordinación entre los diferentes equipos. Ningún equipo debe trabajar por su cuenta o sentir que está perdido, olvidado o confundido en el proceso. Si un equipo se queda fuera o un equipo se adelanta demasiado y abandona a los otros, el proceso de escalado de Scrum nunca funcionará. Y dado que muchos de los equipos van a depender unos de otros, al menos un poco, es mejor que haya una comunicación abierta, un montón de reuniones para controlarse y una idea general que cada equipo va a hacer.

Su trabajo y hacerlo de manera oportuna. Hacer esto asegurará que su proyecto Scrum escalado pueda obtener los mejores resultados posibles sin que se encuentre con ningún problema mientras tanto.

Capítulo 17

Un tutorial de Scrum con la ayuda de Jira Software

———— ◆ ————

Ahora que nos hemos tomado algo de tiempo para aprender un poco más sobre Scrum Framework y lo que significa, es hora de revisar y completar un proyecto con esta herramienta. Este capítulo irá a través de los diferentes pasos que puede tomar para ayudarlo a comenzar con este tipo de proyecto utilizando el software Jira.

El primer paso es crear e iniciar sesión en su cuenta para el software Jira. Entonces puedes crear un proyecto. Cuando vea la solicitud para seleccionar una plantilla de proyecto, asegúrese de hacer clic en Scrum. Si no lo haces, terminarás creando un proyecto Kanban. Una vez que haya podido crear el proyecto, terminará con un trabajo pendiente vacío. Esta es su acumulación de productos y contendrá todos los elementos que podrían ser elementos de trabajo potenciales para su equipo durante este proyecto.

A continuación, quédate en el software Jira. Vamos a llamar a los elementos de trabajo tales como errores, tareas e historias de usuario "problemas". Crear algunas de estas historias de usuario simplemente haciendo clic en la opción de creación rápida en el registro es bastante fácil. Si aún no tiene nada en mente para este proyecto, siga adelante e invente unos cuantos para darle una idea de lo que se necesita para hacer que este proceso funcione.

Una vez que haya podido crear algunas de estas historias de usuario (o hacer algunas para experimentar con este sistema), puede revisarlas y priorizarlas en su acumulación. Dentro del software Jira, puedes clasificar estas historias simplemente arrastrando y luego colóquelos en el orden en que desea que se trabajen las historias.

Estas son solo las historias iniciales de un proyecto. Siempre va a agregar y crear historias a lo largo del ciclo de vida de su proyecto. Esto es simplemente porque la agilidad implicará aprender y adaptarse continuamente.

En este punto, es hora de crear el primer sprint en el que su equipo necesita trabajar en el trabajo pendiente. Entonces puedes comenzar a planear ese sprint. ¿Qué es un sprint? En Scrum, el equipo va a pronosticar que pueden completar un conjunto de elementos de trabajo e historias de usuario durante un período de tiempo fijo que será un sprint. En la mayoría de los casos, el sprint no durará más de cuatro semanas y el equipo podrá determinar cuánto tiempo puede durar el sprint. Dos semanas es una buena cantidad de tiempo porque el equipo tiene tiempo para realizar algún trabajo, pero no demoran mucho sin recibir retroalimentación.

Desde aquí, desea celebrar una reunión de planificación de sprint con el resto del equipo. Esta reunión es como una pequeña ceremonia en la que se configura a todo el equipo con la información que necesitan para tener éxito durante el resto del sprint. En esta reunión, el equipo discutirá sus metas, los elementos de trabajo que desean priorizar y más.

Además, durante esta reunión, el equipo de desarrollo se pondrá a trabajar para completar un cierto número de historias durante el sprint. Estas historias y el plan que se va a utilizar para completarlas se convertirán en el retraso del sprint.

Después de que el equipo haya tenido algo de tiempo para reunirse y discutir los planes que quieren lograr durante el sprint, es hora de comenzar realmente en el sprint.

En este punto, asegúrate de nombrar el sprint para ayudarte a mantener las cosas organizadas a medida que te mueves de un sprint a otro. Puede hacer esto junto con la adición de la duración (o las fechas de inicio y finalización) del sprint en Jira.

Asegúrese de que estas fechas de inicio y finalización coincidan con el cronograma que su equipo ha establecido en esa reunión de planificación. Agregue los objetivos del sprint que deben coincidir con lo que el equipo decidió durante la reunión.

Una vez que se inicie el sprint, se lo llevará a la pestaña de Sprints activos en el proyecto. Aquí es donde el equipo puede trabajar para recoger los elementos que están en la columna de tareas pendientes y luego moverlos a la columna en curso. Cuando el proyecto está terminado, también pueden moverlo a la columna completa. Básicamente, este será el Scrum Board que el equipo puede usar para monitorear qué tareas deben realizarse, en qué tareas se están trabajando en ese momento y qué tareas se han completado.

A medida que el proyecto avanza y después de que el sprint ha comenzado, el equipo debe reunirse diariamente. Normalmente es mejor reunirse por la mañana antes de que la gente esté cansada o tenga que salir corriendo para hacer otras cosas. Esta reunión puede ser breve: de diez a quince minutos suele ser suficiente para realizar el trabajo. Todos revisarán el trabajo que se está realizando y para comprobar si alguien en el equipo se encuentra con algún obstáculo a la hora de completar las tareas del sprint.

Si bien esta reunión debe ser bastante breve, debe asegurarse de que todos en el equipo tengan tiempo para hablar y que no es controlado por una o dos personas.

Usar un temporizador puede ser una excelente manera de mantener a la gente en la pista o lanzando la pelota. Todos tienen unos minutos para hablar y luego se pueden resolver los problemas, todos están en la misma página y todos saben qué deben hacer para terminar el día.

También es una buena idea consultar a menudo con el Gráfico de reducción durante este sprint. En el software de Jira, la tabla mostrará el real, así como la cantidad estimada de trabajo que se debe realizar en un sprint. Esta tabla se actualizará automáticamente a través de Jira a medida que complete algunos de los elementos de trabajo. Si alguna vez necesita ingresar y revisar este cuadro, simplemente haga clic en la pestaña Informes en la barra lateral. Luego, seleccione en el gráfico de reducción del menú desplegable de informes que aparece.

Recuerde que antes, el Gráfico de reducción de la quema mostrará la cantidad real y la cantidad estimada de trabajo que debe realizar durante el sprint. El eje x horizontal indicará el tiempo y el eje vertical indicará los puntos de la historia. Esta es una gran herramienta que le permite ver cuánto tiempo queda en el sprint y la cantidad de trabajo que necesita el equipo para continuar trabajando. Al tomarse el tiempo para rastrear todo el trabajo restante a través de la iteración, un equipo puede administrar mejor su progreso y responder de la manera adecuada. Algunos de los patrones que debe tener cuidado al mirar este cuadro incluyen:

El equipo termina demasiado pronto con muchos de los sprints. Esto es un problema porque a menudo significa que no están comprometiéndose con la cantidad correcta de trabajo en cada carrera.

- Terminar temprano en la ocasión no es un gran problema.

- Terminar temprano todo el tiempo puede ser un problema.

- El equipo pierde su sprint pronóstico después de sprint. Esto tiene el efecto contrario y significa que el equipo está tratando de asumir demasiado trabajo. A veces las cosas suceden y el equipo se queda atrás, pero esto no debería ser una ocurrencia regular.

- La línea Burndown hace una caída pronunciada en lugar de una quema gradual porque el trabajo no se rompió en piezas granulares.

- Los propietarios del producto comienzan a cambiar o agregarse al alcance en el medio del sprint.

En cualquier momento, ya sea durante o después de tu sprint, quieres echar un vistazo al Informe de Sprint para tener una buena idea de cómo va ese sprint. El informe del sprint incluirá la Tabla de reducción de la quema y también enumerará el trabajo que se completó, el trabajo que no se completó y el trabajo que se agregó después de que comenzó su sprint.

La revisión del sprint es una reunión para compartir. El equipo va a mostrar lo que han podido enviar en ese sprint. Cada uno de estos sprints debe producir una parte funcional del producto que se conoce como un incremento. Esta es una reunión que debe contener una tonelada de comentarios sobre el proyecto e incluirá una sesión de lluvia de ideas para que el equipo pueda decidir qué es lo que quiere lograr en la siguiente fase o el próximo sprint.

Una vez que se realiza el sprint, es hora de celebrar la reunión retrospectiva. Para un sprint de dos semanas, esto durará unos 90 minutos más o menos. Este es el momento para que el equipo se inspeccione a sí mismo y qué tan bien lo hizo.

Analizarán sus propios procesos, la interacción del equipo, las herramientas que utilizaron y más para determinar si hay áreas de mejora que deben tomarse. También debe completar una de estas retrospectivas, incluso cuando a un equipo le está yendo realmente bien para asegurarse de que no se pierda nada.

Al final de tu carrera, debes completarla o cerrarla en Jira. Si hay algún problema que no se completó durante el sprint por alguna razón, puede moverlos de vuelta a su acumulación, mover estos temas a un sprint futuro o moverlos a un nuevo sprint que Jira pueda crear para usted en ese momento. si desea.

En este punto, ya conoce algunos de los conceptos básicos para crear su propio registro de pedidos con algunas historias de usuarios, cómo organizar esas historias en sprints, cómo iniciar el sprint e incluso cómo celebrar las diferentes ceremonias o reuniones Scrum que se necesitan para Haz que este proyecto sea lo más exitoso posible. Después de realizar este proceso una vez, tiene una buena idea de cómo funciona todo y los pasos que debe seguir para volver a hacerlo. Si le gusta el proceso Scrum, puede comenzar inmediatamente en el próximo sprint, siguiendo los mismos pasos que ya hemos discutido en este capítulo.

Capítulo 18

Un tutorial avanzado de Scrum

———•◆•———

El último capítulo dedicó un tiempo a observar cómo seguir el proceso Scrum. Fue uno de los ejemplos básicos, pero tiene todo lo que necesita para hacer un proceso Scrum exitoso. Pero hay ocasiones en las que tendrá que usar y utilizar algunas de las funciones más avanzadas que vienen con Scrum. Este capítulo analizará algunas de las prácticas más avanzadas que incluye Scrum, como el uso de epopeyas, la personalización del flujo de trabajo y el uso de informes en el software Jira.

Usando epopeyas en la cartera

Hay ocasiones en que su equipo necesita trabajar en características que comprenden un cuerpo de trabajo más amplio. Siempre que suceda esto, debe considerar trabajar con epopeyas para planificar su trabajo y preparar el trabajo pendiente. Las épicas son básicamente grandes historias de usuarios que puedes dividir en partes que son más manejables.

Su epopeya también puede abarcar más de un proyecto si lo desea. Si su equipo está trabajando en algunas historias de usuario que se supone que se van acumulando en una historia de usuario más grande y que pueden convertirse en múltiples proyectos, entonces es hora de usar algunas épicas. Esto facilita el seguimiento del proyecto en el que está trabajando.

Para trabajar en estas épicas, diríjase a la acumulación de su tablero y luego expanda el panel de epopeyas simplemente haciendo clic en EPICS.

Esto le ayudará a dividir sus proyectos en algunas partes diferentes con las que sea más fácil trabajar.

Personaliza el flujo de trabajo

Si tiene el valor predeterminado al trabajar en Jira, encontrará que hay tres estados por los que se moverán sus problemas. Para hacer, en progreso, y hecho. Si esto termina siendo demasiado simple para el tipo de trabajo que desea hacer, entonces puede cambiar los estados que desea usar en Jira para que coincidan con el proceso que usa su equipo.

Por ejemplo, si está trabajando en un proyecto que es para el desarrollo de software, podría agregar algunos estados nuevos, incluyendo Revisión de código, En espera de control de calidad y Listo para fusionar. Puedes agregar tantos estados diferentes como quieras y Jira hace que esto sea lo más fácil posible. Solo haga que las partes nuevas funcionen para el proceso con el que a su equipo le gusta trabajar.

Usando el gráfico de velocidad

Otra cosa que puedes trabajar dentro de tu proyecto Scrum es el gráfico de velocidad. El software de Jira consiste en ayudarlo a sacar todo el potencial de su equipo. Cuando usa la tabla de velocidad, puede ver un resumen del trabajo que su equipo está realizando en cada carrera.

Esta es una gran información para ayudarlo a ver el progreso y más.

Puede usar esta información para ayudarlo a predecir la cantidad realista de trabajo que su equipo podrá completar en futuros sprints. Durante las reuniones de planificación para el sprint, su equipo puede analizar los aspectos visuales de lo que ha sucedido en algunos de los sprints anteriores y el compromiso del equipo frente a lo que realmente pueden completar.

Luego, pueden tomar esta información y llegar a compromisos que sean realistas a lo que realmente puede hacer el equipo.

Utilizando tableros

Otra cosa que puedes usar con tu proyecto Scrum son los tableros. Con todo lo que sucede con cada proyecto, vale la pena considerar el uso de uno de estos tableros para asegurar que su equipo esté siempre al día, sin tener que pasar por todo el papeleo y el resto de la información del proyecto. Puede conectar fácilmente la computadora a un monitor de TV y luego el tablero con Jira se convertirá en un tablero físico. Luego puede usar algunos de los gadgets ágiles que están presentes en tiempo real para ayudar al equipo a permanecer en la misma página durante todo el proyecto.

Estas son solo algunas de las herramientas avanzadas que puede usar con su proyecto Scrum.

Recuerde que Scrum siempre se puede adaptar y cambiar para tratar y hacer que su proyecto sea más fácil de trabajar. Scrum no se supone que sea un proceso difícil. Es uno que pretende hacer que el trabajo del equipo sea más fácil que nunca.

Si descubre que estas herramientas son excelentes para la gestión de su proyecto, asegúrese de completar el trabajo de la manera más eficiente y productiva posible.

Conclusión

Gracias por leerlo hasta el final de *Scrum Project Management.* *Esperamos que haya sido informativo y capaz de proporcionarle todas las herramientas que necesita para lograr sus objetivos, sean cuales sean.*

El siguiente paso es decidir si desea o no agregar Scrum Project Management a su propio plan de negocios hoy. Hay muchos marcos diferentes que puede decidir implementar en su negocio, pero ninguno será tan exitoso y fácil de usar como trabajar con Scrum. Este marco es simple, fácil de aprender e involucrará tanto a un equipo como a clientes individuales y sus comentarios en todo el proceso.

Con Scrum, puede mantener sus costos al mínimo. Sabe desde el principio cuánto durará un sprint y podrá determinar los costos desde el principio. Esto hace que sea más fácil mantener los costos lo más bajos posible y puede ayudarlo a pronosticar en el futuro. También mantiene el trabajo en pequeños equipos, lo que les permite compartir ideas y aprender a trabajar juntos para realizar el proyecto. Con muchas reuniones, una idea clara de las tareas que deben realizarse y más, el Equipo Scrum podrá realizar más tareas que nunca.

También hay muchas oportunidades para que el cliente proporcione sus propios comentarios sobre el producto. Con algunos de los métodos tradicionales de hacer un producto, el negocio espera que tengan una gran idea, desarrollen todo el asunto y luego lo envíen al mercado. A veces el producto funcionaría bien y la empresa obtendría muchos beneficios. Y otras veces, el producto no funcionaría tan bien como se esperaba. Este fue un gran riesgo y evitó que muchos productos excelentes ingresaran al mercado.

Con la ayuda de Lean, Agile y Scrum, la compañía puede trabajar lentamente en un producto tomando en cuenta los comentarios de los clientes en el camino. El equipo puede escuchar lo que el cliente está diciendo y hará los cambios necesarios tanto como sea posible. Luego, cuando el producto finalmente se lanza al mercado, existe una gran confianza en que el producto funcionará bien porque es algo que los clientes valorarán.

Esta guía se tomó el tiempo para discutir estas opciones para Scrum y mucho más.

Este marco puede parecer un poco difícil y complejo al principio, pero realmente puede marcar una gran diferencia en la forma en que funciona su negocio y los diferentes productos (y el valor de los productos) que ofrece a sus clientes.

Si alguna vez ha considerado implementar Scrum en su negocio o si ha considerado cambiar el proceso de desarrollo de su empresa para que sea más eficiente en general, es hora de echar un vistazo a esta guía. Le proporcionará toda la información que necesita para que Scrum y todas sus características funcionen bien para su negocio.

Finalmente, si encuentra que este libro es útil de alguna manera, por favor dejar una reseña en Amazon.